DON'T COMPARE
YOUR LIFE TO OTHERS
THERE'S NO COMPARISON
BETWEEN THE SUN
AND THE MOON
THEY SHINE WHEN
IT'S THEIR TIME

WWW.GUIDEME.CH GUIDEME_TRAVEL

Das bin ich

Überall im Buch.
Von mir für dich!

Inhalt

ALTSTADT

LA BARCELONETA

EL BORN

EIXAMPLE

GRÀCIA

MONTJUIC & WESTEN

Hello
Das bin ich

CYNTHIA LOCHT

Würde ich Barcelona nicht mein Zuhause nennen, wäre mein Lieblingsort das Meer. Darüber hinaus bin ich immer wieder vom Park Güell fasziniert.

Was ich in Barcelona am liebsten esse?

Paella und Tapas im Restaurant Pez Vela

3 Dinge, die du
auf deinem Barcelona-Trip
unbedingt dabeihaben solltest:

☐ Bequeme Schuhe
☐ Fächer
☐ Handykette gegen
  Diebstahl

Meine
Lieblingsfarben

Ich bin Cynthia, geboren 1993 in Ostbelgien. 2017 flog ich zum ersten Mal mit Elli, einer Freundin, nach Barcelona – und was soll ich sagen? Ich habe mich auf Anhieb in die Stadt verliebt und auf seltsame Art und Weise sofort wie zu Hause gefühlt. Nach unserem Trip habe ich tagelang im Bett gelegen und war deprimiert. Heimweh nach einem bislang unbekannten Ort? Das hört sich verrückt an, nicht wahr? Aber Barcelona mit seiner Energie, seinem Charme und seinen Vibes hatte mich verzaubert.

Ungefähr ein Jahr später stieg ich erneut in den Flieger und wieder schwebte ich wie auf Wolke 7 durch die Straßen. Ob Zufall oder Schicksal – in der Zwischenzeit hatte sich mein Leben komplett auf den Kopf gestellt. Und so fragte Elli: Warum ziehst du nicht einfach nach Barcelona?
Innerhalb von drei Monaten hatte ich alles arrangiert, meine Koffer gepackt und saß im Flieger auf dem Weg in die Stadt meiner Träume. Meine Reise begann 2019 und ich habe meine Entscheidung seitdem nicht bereut! Diese Stadt weckt das Beste in mir: Positivität, Lebensfreude, Neugierde, Glücksgefühle ... Und an all dem möchte ich euch auf den nächsten Seiten teilhaben lassen. Entdeckt meine Lieblingsorte, wo es das beste Essen gibt und ganz viele Must-dos! Bei Fragen könnt ihr euch gerne auf Instagram @cynnspired an mich wenden. Dort findet ihr auch meine Google-Maps-Liste mit meinen neuesten Barcelona-Tipps über diese 100 hinaus.

Und jetzt komm mit,
ich zeige dir Barcelona!

 CYNNSPIRED

Park Güell

Bunkers del Carmel &
Turó de La Rovira

Gràcia

Montjuïc &
Westen

Passeig de Gracia

Casa Bat

Rooftop La Dolce Vitae
im Hotel Majestic

Eixample

Catedral de Barcelona

Font Màgica &
Plaça d'Espanya

Mercat de La Boq

BARCELONA
Bucket List

Alle Highlights sind im Buch mit einem ✳ gekennzeichnet

BLOSS NICHT VERPASSEN!

- ALTSTADT DES BARRI GÒTIC
- CATEDRAL DE BARCELONA
- PLAÇA REIAL
- MERCAT DE LA BOQUERIA
- STRÄNDE VON BARCELONA
- ARC DE TRIOMF
- PARC DE LA CIUTADELLA
- SAGRADA FAMILIA
- CASA BATLLÓ
- EL NACIONAL
- ROOFTOP LA DOLCE VITAE IM HOTEL MAJESTIC
- PASSEIG DE GRÀCIA
- PARK GÜELL
- BUNKERS DEL CARMEL & TURÓ DE LA ROVIRA
- FONT MÀGICA & PLAÇA D'ESPANYA

TO BE CONTINUED …

- ....
- ....
- ....
- ....
- ....
- ....
- ....
- ....

VOR DEINER REISE

Gut zu wissen

BESTE REISEZEIT

Die besten Reisezeiten für einen Barcelona-Trip sind das Frühjahr (April – Juni) sowie die Monate September und Oktober. Zu diesen Zeiten sind die Temperaturen ideal für eine Reise in die katalanische Metropole. Jedoch ist die Stadt in diesen Monaten stark besucht. In den Sommermonaten überschreiten die Temperaturen die 30 °C-Marke, sodass es für einen Städtetrip schon zu heiß werden kann. Zudem sind die Preise für Unterkünfte in dieser Jahreszeit am teuersten und viele Läden und Essensmöglichkeiten im August, aufgrund der landesweiten Sommerferien, geschlossen. Im Winter wiederum muss man mit unbeständigem Wetter und kälteren Temperaturen rechnen. Prinzipiell ist Barcelona jedoch zu jeder Jahreszeit eine Reise wert.

ERMÄSSIGUNGEN

Um Barcelonas Highlights entspannt zu erkunden, lohnt es sich die offizielle Barcelona Card (als 3-, 4- oder 5-Tageskarte) oder den Barcelona City Pass über Turbopass (als 2-, 3-, 4- oder 5-Tageskarte) zu besorgen. Mit so einem Pass gibt es Ermäßigungen in Museen, Sehenswürdigkeiten und vielen weiteren Attraktionen. Zusätzlich kannst du die öffentlichen Verkehrsmittel nutzen und eine Hop-on Hop-off Bustour besuchen. Als Kunstliebhaber:in lohnt es sich auf jeden Fall, die 38 Euro für den Museumpass „Articket BCN" auf den Tisch zu legen. Mit diesem Pass sind Besuche in sechs Museen abgedeckt. Darunter das MACBA, Museu Picasso, MNAC, CCCB, die Fundació Antoni Tàpies und die Fundació Joan Miró. Mit dem „Articket BCN" hast du zudem die Möglichkeit, für den Eintritt die Fast Lane zu benutzen, um lange Wartezeiten zu vermeiden.

UNTERWEGS

METRO UND BUS – Möchtest du dir keinen City Pass (siehe „Ermäßigungen") kaufen, solltest du vor Abfahrt mit der Metro oder dem Bus das T-casual, ein Ticket mit 10 Fahrten, erwerben. Es beinhaltet die Nutzung aller Arten von öffentlichen Verkehrsmitteln und ist günstiger als das Lösen von Tickets für einzelne Fahrten. Zudem ist die Hola Barcelona Travel Card eine Alternative. Sie deckt den Flughafentransfer per Metro ab und ermöglicht dir für einen festgelegten Zeitraum (2–5 Tage) uneingeschränkten Zugang zu allen öffentlichen Verkehrsmitteln. Darunter auch die acht Linien der städtischen U-Bahn mit über 150 Stationen. Willst du bereits während der Fahrt die Schönheit Barcelonas bewundern, ist der Bus das ideale Verkehrsmittel für dich. Besonders empfehlenswert ist die Route durch L'Eixample, entlang der Sagrada Familia. Jedoch solltest du die Hauptverkehrszeiten von 7:00–9:30 Uhr und 17:00–20:30 Uhr meiden.

FAHRRAD UND ROLLER – Dein präferiertes Fortbewegungsmittel besitzt zwei statt vier Räder? Dann ist ein Fahrrad- und Rollerverleih genau das Richtige für dich. Fahrräder kannst du in den diversen Fahrradverleihgeschäften stunden- oder tageweise mieten und dir im Anschluss auf den über 200 Kilometern Radweg deinen eigenen Weg durch die Stadt bahnen. Um einen der umweltfreundlichen Elektroroller auszuleihen, bist du beispielsweise bei Yego, Cooltra oder Seatmó an der richtigen Adresse. Über Cabify, die spanische Alternative zu Uber, kannst du E-Roller bei verschiedenen Anbietern mieten.

ZU FUSS – Keine Lust auf Barcelona im Schnelldurchlauf? Kein Problem. Die Stadt ist super zu Fuß zu erkunden. So kannst du auch die Vielfalt und versteckten Schätze der vielen diversen Viertel wie der Altstadt mit dem Gotischen Viertel oder El Born ausgiebig erforschen. Entscheidet man sich dafür, Barcelona zu Fuß zu erobern, sollte man unbedingt an bequeme Schuhe und ausreichend Wasser denken.

SICHERHEIT – Es gibt viele wunderschöne Ecken in Barcelona, aber auch einige, die man in den Abendstunden besser meiden sollte. Das Raval-Viertel hat seinen ganz eigenen Charme, sollte dennoch lieber tagsüber und mit Vorsicht erkundet werden.

LINKS

GETYOURGUIDE.CH – Über die Webseite kannst du problemlos Eintrittskarten und Touren buchen und dabei Zeit vor Ort sparen.

FREETOUR.COM – Keine Lust auf eine 0815-Tour durch die Stadt? Dann buche eine der kostenlosen Sightseeing-Touren von Locals.

YOUBARCELONA.COM/DE – Spontan noch Lust auf Party? Über diese Seite kannst du dich bei diversen anstehenden Veranstaltungen anmelden und Benefits herausholen. So wird der Partyabend noch cooler!

Urlaubs-Katalanisch

Hallo/Gute(n) Tag!	Hola!/Bon dia!
Gute(n) Abend!/Nacht!	Bona tarda!/Bona nit!
Auf Wiedersehen!	Adéu! Passi-ho bé!
ja/nein/vielleicht	sí/no/potser
bitte/danke	sisplau/gràcies oder merci
Wie geht´s dir?	Com estàs?
Mir geht es gut./Mir geht es schlecht.	Estic bé./Em sento malament.
Ich heiße …	Em dic …
Wie heißen Sie?/Wie heißt du?	Com es diu?/Com et dius?
Ich komme aus …	Sóc de …
Entschuldige!/Entschuldigen Sie!	Perdona!/Perdoni!
Wie bitte? (Sie/Du)	Com diu?/Com dius?
Das gefällt mir (nicht).	(No) m'agrada.
Ich möchte …/Haben Sie …?	Voldria …/Té …?
Könnte ich bitte … haben?	Podria portar-me …?
Messer/Gabel/Löffel	ganivet/forquilla/cullera
Ich möchte zahlen, bitte.	El compte, sisplau.
Das habe ich nicht verstanden.	No ho entenia.
Trinkgeld	propina
bar/Kreditkarte	al comptat/amb targeta de credit
Wo ist …?/Wo sind …?	On està …?/On estan …?
Wie viel Uhr ist es?	Quina hora és?
heute/morgen/gestern	avui/demà/ahir
Wie viel kostet …?	Quant val …?
Wo finde ich einen Internet-zugang/WLAN?	On em puc connectar a Internet/WLAN?
Apotheke/Drogerie	farmàcia/drogueria
Fahrplan/Fahrschein	horario/bitllet
offen/geschlossen	obert/tancat
mehr/weniger	més/menys

REISE-KNIGGE

UNBEDINGT VERMEIDEN!

Auf keinen Fall solltest du ...

... dich dem katalonischen Tagesrhythmus verweigern. In Barcelona isst man ab 13:30 Uhr zu Mittag und ab 21:00 Uhr zu Abend.

... die Siesta ausfallen lassen. Eine kleine Mittagspause ist nicht nur Alltag für viele Spanier:innen, sondern hilft dir, das Beste aus dem Aufenthalt herauszuholen.

... dich bei einem Restaurantbesuch an den erstbesten freien Tisch setzen! Warte darauf, dass dir das Personal einen Platz zuweist.

... getrennt bezahlen. In Barcelona zahlt man „katalanisch" (pagar a la catalana): Entweder die Summe ganz bezahlen oder durch die Anzahl der Gäste teilen.

... Wasser vergeuden, denn die Grundwasservorräte sind ausgeschöpft und Entsalzungsanlagen nicht umweltfreundlich.

... in Badebekleidung durch die Stadt spazieren oder religiöse und öffentliche Gebäude betreten. Was am Strand okay ist, gilt in der Stadt als Tabu.

... Mojitos am Strand kaufen. Händler:innen lagern die Zutaten unhygienisch, was dir gesundheitlich schaden kann. Zudem ist es offiziell verboten.

... an Barcelonas Stränden rauchen. Wer dabei erwischt wird, muss tief ins Portemonnaie greifen. Ein Verstoß gegen das Rauchverbot kostet 30 Euro!

BARCELONA Altstadt

ERLEBNIS HIGHLIGHTS
ALTSTADT

Die Altstadt hat mit dem Barri Gòtic und dem Raval-Viertel seinen ganz eigenen Charme. Es gibt einige wirklich coole Bars, Cafés und Restaurants und auch preislich ist das Viertel attraktiv. Besonders in der Gegend des Raval-Viertels ist es allerdings auch gefährlicher als im Rest von Barcelona. Daher solltest du die Gegend zum einen mit Vorsicht und zum anderen lieber tagsüber besuchen. In dieser Zeit warten auf dich jedoch architektonische Meisterwerke, ein Hauch von Gaudí und viele tolle Ecken und Plätze.

> **AUF DEN SPUREN GAUDÍS**

> **ZEITGENÖSSISCHE KUNST ERLEBEN**

> **VINTAGE-MODE, WOHIN DAS AUGE REICHT**

> **FOOD-HEAVEN IM**

   MERCAT DE LA BOQUERIA

> ....

> ....

> ....

Bienvenido a Barcelona

Altstadt

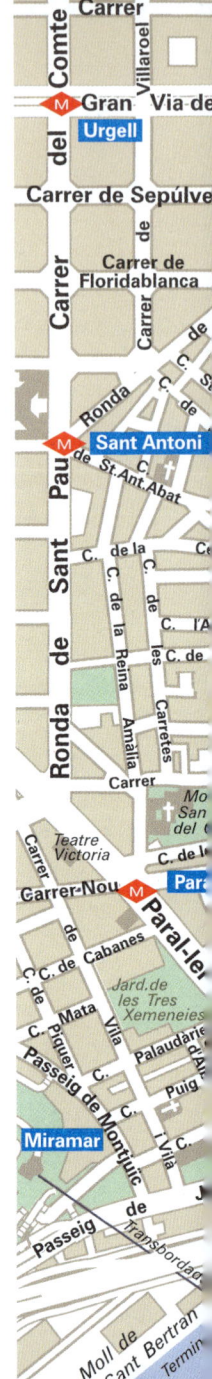

SEHENSWERTES

1. BARRI GÒTIC
2. PLAÇA DE SANT JAUME
3. CARRER DEL BISBE
4. CATEDRAL DE BARCELONA
5. CASA DE L'ARDIACA
6. KÖNIGSPALAST & PLAÇA DEL REI
7. THE KISS OF FREEDOM
8. PLAÇA DE SANT JOSEP ORIOL
9. LA RAMBLA & ESTATUA DE COLÓN
10. MUSEO D'ART CONTEMPORANI
11. PALAU GÜELL
12. HAUPTPOSTAMT
13. PLAÇA REIAL

ESSEN & TRINKEN

14. BISTROT LEVANTE
15. LUIGI RISTORANTE VIA LAIETANA
16. FLAX AND KALE
17. FEDERAL CAFÉ GÒTIC
18. BO DE B

SHOPPING

19. LA MANUAL ALPARGATERA
20. PORTAL DE L'ÀNGEL
21. SECOND-HAND-SHOPS IN DER CARRER DELS TALLERS
22. MERCAT DE LA BOQUERIA

SEHENSWERTES

1. BARRI GÒTIC

Das Barri Gòtic ist das ehemalige Zentrum Barcelonas und wird auch als dessen Herz bezeichnet. Das Erkunden des Viertels kann sich locker über Tage erstrecken. Die meisten Bauten stammen aus dem 14. und 15. Jh., als die Stadt durch den wachsenden Wohlstand stark expandierte. Inmitten der engen Gassen und kleinen Plätze reihen sich mittlerweile süße Geschäfte, Restaurants, Cafés und Bars aneinander. Aufgrund seiner Beliebtheit ist das Viertel der Tourismus-Hotspot, trotzdem besitzt das Barri Gòtic viel Flair. **In den Straßen um die Plaça Reial und die Plaça George Orwell (bekannt als Plaça del Trippy) kann man besonders gut von Bar zur Bar ziehen und dort spaßige Stunden verbringen.**

Barri Gòtic

Das Viertel ist voll von engen Gassen, historischen Gebäuden und versteckten Plätzen und dadurch wie gemacht für tolle Fotos.

FOTO TIPP FOTO TIPP FOTO TIPP FOTO TIPP FOTO

BUCKET LIST
Barri Gòtic

Die Altstadt des Barri Gòtic ist ein Labyrinth
aus kleinen Gässchen mit Bars und Clubs.
Findest du deinen Weg durch dieses Labyrinth?

*Nicht nur für Geschichts-
liebhaber:innen, sondern auch
für Architektur-Fans
ist dieser Ort einen Besuch wert.*

2. PLAÇA DE SANT JAUME

Die Plaça de Sant Jaume ist umzingelt von Regierungsgebäuden. Wirft man einen Blick auf die Historie Barcelonas, ist das wenig verwunderlich, denn an diesem Ort wurde die politische Geschichte der Region maßgeblich gestaltet. 1931 wurde hier die katalanische Republik ausgerufen. Zur Plaça de Sant Jaume kommen die Katalan:innen deshalb bis heute für Feierlichkeiten und sonstige Ereignisse zusammen. Besonders beeindruckend ist die Sant-Jordi-Kapelle mit ihrem aufwendig verzierten Kuppelsaal und dem extravaganten Sitzungssaal.

Pl. de Sant Jaume

3. CARRER DEL BISBE

Betritt man, vom Platz der Kathedrale kommend, zwischen den zwei halbrunden Türmen des Portals del Bisbe hindurch die Carrer del Bisbe, bekommt man richtiges Kopfkino. So sehr strotzt die Gasse vor mittelalterlichem Flair. Folgst du ihr, gelangst du geradewegs zur Plaça de Sant Jaume. Wirfst du auf halber Strecke einen Blick nach oben, findest du direkt über dir die Brücke Pont del Bisbe, Bauwerk von Joan Rubi Bellver, einem Schüler Gaudís. Auf der Unterseite der Brücke ist ein von einem Degen durchstoßener Totenkopf verewigt. Die Bedeutung des Motivs ist bis heute unbekannt. Der Großteil der Barceloner:innen ist sich uneins, ob man einen Wunsch frei hat oder es einfach Glück bringt, wenn man rückwärts unter der Brücke durchgehend den Schädel ansieht.

C/ del Bisbe 1

FOTO TIPP FOTO TIPP FOTO TIPP FOTO

Für ein Foto ohne Menschen heißt es, früh raus aus den Federn! So leer ist es unter der Brücke nur in den ganz frühen Morgenstunden.

FOTO TIPP FOTO TIPP FOTO TIPP FOTO TIPP FOTO

ROOFTOP VIEW ROOFTOP VIEW ROOFTOP VIEW

Im gegenüberliegenden Hotel Colón befindet sich eine Rooftopbar mit Blick auf die Kathedrale. Die Panoramic Terrace ist der ideale Spot für einen Sundowner.

4. CATEDRAL DE BARCELONA

Inmitten der Gassen des Barri Gòtic befindet sich die Catedral de Barcelona. Die gotische Kirche dient als hervorragender Aussichtpunkt über das umliegende Viertel. Bei deinem Besuch solltest du jedoch unbedingt die Öffnungszeiten beachten. An Vormittagen ist der Eintritt teilweise kostenlos, allerdings hat man dafür nur begrenzten Zutritt zu den Räumlichkeiten. Bist du etwas unter Zeitdruck, kannst du auf das Besichtigen der Dachterrasse verzichten. **Mein Tipp ist**

der Innenhof, der mich jedes Mal aufs Neue mit seiner Schönheit begeistert. Rund um die Kathedrale befinden sich einige kleine und große Cafés, in denen man sich tagsüber oder am Abend niederlassen und entspannen kann, ohne dabei den Blick auf das imposante gotische Gebäude zu verlieren.

Pla de la Seu | catedralbcn.org | www.hotelcolonbarcelona.es/de/gastronomie

BUCKET LIST
Catedral de Barcelona

Vor der Kirche,
in der Kirche,
auf dem Dach der Kirche:
Mach ein Architektur-Selfie
und klebe es hier ein

5. CASA DE L'ARDIACA·

Ein weiteres, wenn auch kleines architektonisches Highlight ist die Heimat des Stadtarchivs Barcelonas. Hierbei handelt es sich um eine alte Villa samt Innenhof aus dem 15. Jahrhundert. Dieser schöne Fotospot mit malerischem Vibe liegt in der Nähe der Kathedrale. Im kleinen Innenhof plätschert ein Brunnen leise vor sich hin und eine tolle Treppe führt in die zweite Etage hinauf. Ebenfalls im Hof des Hauses ist eine Palme aus dem späten 19. Jahrhundert beheimatet. Am Brunnen wird am Fronleichnam das traditionelle „l'ou com balla" gefeiert, was übersetzt „das Ei, wie es tanzt" bedeutet. Für dieses Fest wird der Brunnen ausgiebig geschmückt und ein Ei so unter dem Wasserstrahl platziert, dass es mit dem Wasser tanzt. Diese Tradition wird nicht nur in der Casa del Arcediano, wie es auf Kastilisch geschrieben wird, gefeiert, sondern in der ganzen Stadt zelebriert. Unter der Woche kannst du das Stadtarchiv von 9:00–19:30 Uhr besichtigen, an Samstagen von 10:00–19:30 Uhr.

C/ de Santa Llúcia 1 | ajuntament.barcelona.cat/arxiumunicipal/arxiuhistoric/ca

Rund um das Stadtarchiv findest du viele schöne Fotospots. So z. B. auf der Bank vor Fliesenwand oder am Brunnen.

FOTO TIPP FOTO TIPP FOTO TIPP FOTO TIPP

6. KÖNIGSPALAST & PLAÇA DEL REI

Der nächste schöne Fotospot ist die Plaça de Ramon Berenguer el Gran. Die Reiterstatue in der Mitte des Platzes, mit der schlichten Steinfassade der Paläste im Hintergrund, ist ein wunderschönes Motiv. **Kleiner Tipp: Das Licht bei Sonnenuntergang verleiht dem Bild eine besondere Stimmung.** Generell wirkt der Platz mit seinen umliegenden Bauten beeindruckend. Ein imposantes Dreigespann bilden hier der Königspalast mitsamt Wachturm (Palau Reial Mayor), der Mirador del Rei Martí mit dem angrenzenden Palau del Lloctinent sowie der kleinen gotische Kapelle Santa Agata aus dem 14. Jahrhundert. Die Schönheit dieses Ortes macht sich Barcelona oft für sein kulturelles Angebot zu Nutze, denn im Sommer finden hier regelmäßig Konzerte statt.

Pl. del Rei

7. THE KISS OF FREEDOM

Unweit der Kathedrale auf einem Mauerwerk der unscheinbaren Plaça d'Isidre Nonell wartet der nächste und vielleicht interessanteste Fotospot auf dich: Das Werk von Joan Fontcuberta namens „El mundo nace en cada beso" (Die Welt entsteht nach jedem Kuss). Das Mosaik zeigt auf knapp vier Metern Höhe und acht Metern Breite zwei sich innig nähernde Lippen. Erst bei genauem Betrachten erkennt man die 4.000 einzelnen Fotografien, die Fontcuberta auf Keramikfliesen verewigte, ehe er sie zu diesem Kunstwerk anordnete. Es wurde der Öffentlichkeit am 11. September 2014 präsentiert –

Die Fotos zeigen Bewohner:innen aus Barcelona in ihrem Alltag und sind das Ergebnis einer Umfrage Fontcubertas in Zusammenarbeit mit der Lokalzeitung „El Periodico". Hierbei wurden die Menschen Barcelonas dazu aufgerufen, Fotos einzusenden, die ihre Antwort auf die Frage „Was bedeutet für dich Freiheit?" gaben

genau 300 Jahre, nachdem Barcelona durch die Bourbonen erobert worden war, wodurch den Bewohner:innen der Region Katalonien die Entwicklung hin zu einem autonomen Staat verwehrt blieb.

Plaça d'Isidre Nonell 1

8. PLAÇA DE SANT JOSEP ORIOL

Die Plaça de Sant Josep Oriol mit der Basilika Santa Maria del Pi ist ein wuseliger und geschichtsträchtiger Ort. Benannt wurde er nach Josep Oriol, einem wohltätigen Priester, der sich für die Kranken und Armen nach 1650 einsetzte. Zu dieser Zeit befand sich an Ort und Stelle ein Teil des Kirchenfriedhofs, der später aus Hygienegründen asphaltiert wurde. Heute laden Restaurants und Cafés ein, sich hinzusetzen und das Treiben auf dem Platz zu beobachten. Häufig treten Straßenmusiker:innen auf und am Wochenende stellen Künstler:innen ihre Werke aus. **Besonders hervorzuheben ist die Bar del Pi.** Sofern du im Außenbereich noch einen Platz ergattern kannst, empfehle ich dir, dich für ein paar Minuten niederzulassen, etwas zu trinken und People Watching zu betreiben.

Pl. de Sant Josep Oriol

Kunstfans aufgepasst! Jedes Wochenende bieten ca. 15 Künstler:innen ihre Bilder auf einem kleinen Markt rund um die Kirche zum Verkauf an

9. LA RAMBLA & ESTATUA DE COLÓN

Bei einem ersten Trip nach Barcelona darf ein Besuch der legendären La Rambla nicht fehlen. Der Boulevard ist die Flaniermeile der Stadt. Dementsprechend ist oftmals viel los. Warst du bereits einmal in Barcelona und hast La Rambla besichtigt, ist es beim zweiten oder dritten Mal aus meiner Sicht kein Muss mehr. Eine Sehenswürdigkeit, die sich jedoch zu besichtigen lohnt, ist das Kolumbus-Denkmal. Dieses befindet sich am unteren Ende der La Rambla und ist ein Tribut an Christopher Columbus, welcher im Hafen Barcelonas nach seiner Amerikareise anlegte. **Im Inneren der Statue befindet sich zudem ein Aufzug, der dich auf die 51 Meter hohe Aussichtsplattform befördert.** Von hier aus hast du einen tollen Blick auf La Rambla und den Hafen Barcelonas.

La Rambla | Kolumbus-Denkmal:
Plaça Portal de la Pau, s/n

> TIPP
>
> Pass auf deine Sachen auf! Hier treiben sich regelmäßig Taschendiebe herum, die dich schneller deiner Wertsachen entledigen, als du gucken kannst.

Fun-Fact am Rande:
Die Kolumbusstatue zeigt
mit der rechten Hand
auf die Amerikaroute.

Du hast noch nicht genug von zeitgenössischer Kunst? Gleich nebenan liegt das CCCB. Beide sind im Museumspass inkludiert.

10. MUSEO D'ART CONTEMPORANI

Das Museum zeitgenössischer Kunst ist für Kunstliebhaber:innen der Place-to-visit in Barcelonas Altstadt. Von Stararchitekt Richard Meier entworfen und 1995 eröffnet, hat sich das MACBA zum wichtigsten Ausstellungshaus der Stadt gemausert. Im Erdgeschoss sowie dem ersten Stock gibt es circa 3.000 Kunstwerke zu bestaunen, die der Zeit nach dem Zweiten Weltkrieg, um 1968 und den Jahren seit dem Berliner Mauerfall bis in die Gegenwart zuzuordnen sind. Dabei steht die spanische und katalanische Kunst ab den 1950er Jahren im Mittelpunkt. Künstler:innen wie Antoni Tàpies, Joan Brossa und Miquel Barceló sind hier repräsentiert. Darüber hinaus kannst du im MACBA wechselnde Gastausstellungen besichtigen. Zudem wird ein konstantes Programm an Veranstaltungen angeboten, darunter Konzerte, Vorträge und andere Events. Der Eintritt ist erschwinglich, manchmal sogar kostenfrei. Die Eintrittskarten zum Museu d'Art Contemporani sind einen Monat gültig. So kannst du die Besichtigung des Museums problemlos auf mehrere Tage dehnen.

Pl. dels Àngels 1 | www.macba.cat/en | @macba_barcelona

11. PALAU GÜELL

Inmitten des Viertels Raval kannst du ein besonderes Gebäude Gaudís besichtigen: den Palau Güell. Der Palast hat eine mittelalterlich anmutende Architektur und wirkt zuerst überhaupt nicht wie ein klassisches Gaudí-Gebäude. **Erst auf der Dachterrasse wird der unverkennbare Stil deutlich.** Der Palast Eusebi Güells wurde in den Jahren 1886 bis 1890 erbaut und sollte ein Abbild der Aura des Hausherrn, Eusebi Güells, sein.

Deutlich wird das vor allem auf der „Belle Etage": Hier eröffnet eine riesige Fensterfront den Blick zur Straße und die ausladenden Deckenverzierungen des Hauptraums hinterlassen einen bleibenden Eindruck. Der Eintritt kostet 12,- Euro für Erwachsene und 9,- Euro für Student:innen, Schüler:innen und Senior:innen.

C/ Nou de la Rambla 3–5 | inici.palauguell.cat | @palauguell

12. HAUPTPOSTAMT

Wo wir gerade über lohnende Foto-spots sprechen, muss die Seu Central de Correus erwähnt werden. Direkt neben der Plaça Antoni López findest du einen imposanten Bau, der die angesprochene Post beherbergt. Mit seinen zwei Türmen kannst du das Gebäude nicht verfehlen. Die Innen-architektur ist dabei ebenso beein-druckend wie die Fassade. Insbeson-dere die Eingangshalle ist mit ihren Deckengemälden und der spektaku-lären Glaskuppel einen Besuch wert. Letztere kannst du über eine Wendel-treppe erreichen. In Zukunft soll aus der Seu Central de Correus ein Hub für Start-ups im Bereich digitale Wirt-schaft werden, um den Stadtteil, der normalerweise mit Tourist:innen über-füllt ist, wirtschaftlich und mit urba-nem Leben zu fördern.

Pl. d'Antonio López, s/n

Fotografiere die lichtdurchflutete Glaskuppel im Gebäude zentral von unten. Das Motiv ergibt das schönste Mandala!

FOTO TIPP FOTO TIPP FOTO TIPP FOTO TIPP FOTO

13. PLAÇA REIAL

Die Plaça Reial ist umrandet von vierstöckigen Gebäuden und Arkaden, die puren mediterranen Charme und Lebensfreude ausstrahlen. Dazu die Palmen und die modernistischen Straßenlaternen von Gaudí, die die Plaça Reial zu einem meiner liebsten Plätze in Barcelona machen. Heute haben sich hier zahlreiche Bars, Restaurants und Clubs angesiedelt. Essen kann man an anderen Orten der Altstadt zwar besser, doch es spricht nichts gegen einen Drink, während man in einem der Außenbereiche dem Treiben auf dem Platz zuschaut. **Das Highlight dieses Ortes befindet sich genau in der Mitte: der gusseiserne Drei-Grazien-Brunnen.** Ein ideales Fotomotiv, wenn du mich fragst.

Pl. Reial

BUCKET LIST
Plaça Reial

Dein Foto als Erinnerung

Ich auf dem Plaça Reial

Insbesondere für healthy food lovers ist das Bistrot Levante ein Must-visit, da sich vor allem das vegetarische Angebot sehen lassen kann.

ESSEN & TRINKEN

14. BISTROT LEVANTE

Du hast während deines Bummels durch die Altstadt Hunger bekommen und suchst einen geeigneten Spot für einen Lunch? Dann solltest du unbedingt das Bistrot Levante ansteuern. Der Favorit bei den meisten Gästen ist der Brunch, der an jedem Samstag und Sonntag angeboten wird. Hier kannst du dich auf leckere Brioches,

Roggenbrot mit geräucherter Makrele und Meerrettich sowie Pita mit gerösteten Tomaten, Weintrauben, Basilikum und Tahini freuen. Wie du siehst, lohnt es sich auf jeden Fall, das Bistrot Levante für einen Leckerbissen auszuchecken.

Placeta de Manuel Ribé 1 | bistrotlevante.com

15. LUIGI RISTORANTE VIA LAIETANA

Italien-Liebhaber:innen aufgepasst: Das Luigi ist ein Restaurant mit neapolitanischer Küche. Ich persönlich kann dir das leckere Mittagsmenü empfehlen. Hier kannst du jeweils aus drei Gerichten für Vorspeise, Hauptgericht und Nachtisch sowie einem Getränk wählen. Alternativ gibt es mittags und abends aber auch à la carte. Das Ristorante gibt es in Barcelona an drei Standorten. Ich besuche meist das Luigi an der Via Laietana. Am Abend kannst du hier auch leckere Cocktails bestellen und den Tag entspannt ausklingen lassen.

Via Laietana 41 | www.luigiristorante.es | @luigiristorantebcn

16. FLAX AND KALE

Für Fans der vegetarischen Küche ist das Flax and Kale in Barcelonas Altstadt eine sehr stylische, sehr leckere Option. Das Restaurant gibt es noch an zwei weiteren Standorten in der Stadt und gehört, zusammen mit dem Teresa Carles, den gleichen Besitzern, die sich ein ganzheitlich, nachhaltiges Küchenkonzept zur Aufgabe gemacht haben. Jedes Lokal pflegt dabei sein eigenes Angebot, auch wenn sich ein paar wenige Gerichte auf jeder der vier Karten wiederfinden. So serviert das Lokal in der C/ de Sant Pere Més Alt 31 beispielsweise Pizza. **Mein Favorit ist und bleibt aber der Caesar Salad,** knapp gefolgt von dem Pad Thai und der Lasagne. Als Dessert führt für mich kein Weg an dem Cookies & Passionfruit Cake vorbei!

C/ de Jovellanos 2 | www.teresacarles.com | @teresacarles

Luigi Ristorante Via Laietana

Flax and Kale

VEGAN VEGAN VEGAN VEGAN

17. FEDERAL CAFÉ GÒTIC

Wer mich kennt, weiß, dass Cafés einfach mein Ding sind. Auch wenn ich es liebe, mich auf die Suche nach neuen Cafés zu begeben, so habe ich doch meine Evergreens. Dazu zählt das Federal Café im gotischen Viertel (tgl. 9:00–16:30 Uhr). Es liegt etwas abseits vom Trubel, hat Veganes auf der Karte, eine Außenterrasse und aufschiebbare Fenster, in denen man sitzen kann. Unzählige Male habe ich hier schon gearbeitet. Nach einer kleinen Stadt in Australien benannt, gibt es auch zwei weitere Standorte in El Poblenou und Sant Antoni.

Passatge de la Pau 11 |
federalcafe.es/barcelona-gotic | @thefederalcafe

18. BO DE B

Ich weiß – ein Imbiss hört sich nicht unbedingt nach Plan A an. Aber dieser hier hat es in sich! Am besten bringst du nicht nur Hunger, sondern vor allem auch Geduld mit. Denn die Schlange, die vor dem marokkanischen Imbiss wartet, ist meist sehr lang. Das Bo de B ist definitiv ein Anwärter auf die besten Sandwiches in ganz Barcelona. Beweis dafür ist das bunte Publikum, das täglich am Fenster vorbeikommt und seine Lieblingskombinationen aus Dutzenden von frischen Belägen, gesunden Broten und gegrilltem Fleisch bestellt. Hierzu zählen Biker:innen, Skater:innen, Surfer:innen und natürlich Tourist:innen. Die etwa zehn Sitzplätze im Inneren sind in der Regel von Rucksacktourist:innen und Ausflugsgruppen besetzt, die nach einem anstrengenden Sightseeingtag auf dem Rückweg zu ihren Unterkünften sind. Eine vegane Imbiss-Alternative ist „The Dirty Vegan" (@thedirtyvegansbcn) in der Carrer Corsega 225 in Eixemple. Die leckeren Sandwiches gibt es take away oder pick-up.

C/ Fusteria 14 | Facebook: Bo de B Barcelona |
@bodebcn

Wichtig zu wissen: Am Wochenende ist Laptopverbot und das Federal Café Gòtic schließt gegen 16 Uhr.

VEGAN VEGAN VEGAN VEGAN

SHOPPING

19. LA MANUAL ALPARGATERA

La Manual Alpargatera ist ein kleiner Laden in Barcelonas Altstadt, der über die Jahre regionale Berühmtheit errungen hat. Kunden wie Salvador Dalí, Jean Paul Gaultier, Jackie Kennedy und Grace Kelly sorgten dafür, dass das Geschäft sich einen Namen machen konnte. Seit 1940 werden in La Manual Alpargatera Espadrilles (Leinenschuhe mit geflochtener Sohle) hergestellt. Mittlerweile gibt es die Schuhe in so ziemlich jeder Ausführung und Farbe. Der Betrieb legt zudem großen Wert auf Nachhaltigkeit bei der Auswahl seiner Materialien. Diese können allesamt problemlos recycelt werden.

C/ de Montcada 13 | lamanual.com | @lamanualalpargatera

20. PORTAL DE L'ÀNGEL

Willst du im Barri Gòtic shoppen, bietet dir die Portal de l'Àngel die ideale Gelegenheit dafür. Filialen von Zara, Massimo Dutti, Mango, Stradivarius, Pull & Bear und Bershka reihen sich aneinander. **Es ist also die perfekte Shoppingmeile** und daher auch dementsprechend voll und stark besucht. Die Einkaufsstraße beginnt an der Plaça Catalunya und führt mitten durchs Barri Gòtic. Sofern du nicht nur auf Mode aus bist, empfehle ich dir, die kleinen Gässchen links und rechts der Portal de l'Àngel zu erkunden. Hier verstecken sich oftmals Geschäfte, die einheimische oder handgemachte Produkte anbieten.

Av. del Portal de l'Àngel

Fast alle in den Espadrilles von La Manual Alpargata verarbeiteten Materialien sind nachhaltig und recycelbar.

TIPP

Es lohnt sich, auch hin und wieder Abstecher in die dunklen Seiten-gässchen zu machen, wo du in teils winzigen, versteckten Läden alte spanische Produkte wie handgezogene Kerzen oder Milchkannen aus Emaille erwerben kannst.

21. SECOND-HAND-SHOPS IN DER CARRER DELS TALLERS

Das Gebiet um die Rambla ist der reinste Vintage- und Second-Hand-Heaven. Auf der Carrer dels Tallers gibt es einige Läden, die sämtliche Kleidungsstile aus den vergangenen Jahrzehnten verkaufen. Darunter das Vintage Kilo. Hier findest du alles, was dein 80er- und 90er-Modeherz begehrt. Der Kilopreis liegt ungefähr bei 24,- Euro. Da sind gute Deals garantiert! Solltest du im Vintage Kilo nicht fündig werden, warten in direkter Umgebung viele weitere Stores auf dich. Darunter das Vintage Vintage, Love Vintage und Holala Vintage. Happy shopping!

C/ dels Tallers

22. MERCAT DE LA BOQUERIA

In etwa auf mittlerer Höhe der Rambla liegt der Mercat de la Boqueria, der Himmel auf Erden für alle Foodies. Der Markt existiert bereits seit 1217. 1914 nahm er seine heutige Form an, als das Metalldach eingeweiht wurde. Hier findest du Süßigkeiten, Honig, Käse, Oliven, einheimisches und exotisches Obst, Gemüse, Fisch, Fleisch und vieles mehr. Die verschiedenen Düfte und der Anblick des leckeren Essens lassen einem schnell das Wasser im Mund zusammenlaufen. Wie gut, dass

Die Stände auf dem Markt sind in der Regel von Mo. bis Sa. von 8:00 bis 20:30 Uhr geöffnet. Du hast also genug Zeit, über den Mercat de la Boqueria zu schlendern.

du an den Ständen eine riesige Auswahl zum Probieren angeboten bekommst. Alternativ kannst du dir hier direkt dein Mittagessen genehmigen.

La Rambla 91 | www.boqueria.barcelona | @la_boqueria

BUCKET LIST
Mercat de la Boqueria

Snack dich durch den Food-Tempel und bewerte die Leckereien:

MY FAVORITE SNACKS

Name of SNACK	Rating
	☆ ☆ ☆ ☆ ☆
	☆ ☆ ☆ ☆ ☆
	☆ ☆ ☆ ☆ ☆
	☆ ☆ ☆ ☆ ☆
	☆ ☆ ☆ ☆ ☆
	☆ ☆ ☆ ☆ ☆
	☆ ☆ ☆ ☆ ☆
	☆ ☆ ☆ ☆ ☆

BARCELONA
La Barceloneta

Klein, aber fein: So lässt sich das Viertel La Barceloneta beschreiben. Früher Dreh- und Angelpunkt der Fischerei in Barcelona, hat das Viertel über die Jahre eine beeindruckende Verwandlung hingelegt. Zur Olympiade 1992 aufwendig und großflächig saniert, sprüht das Viertel um den alten Hafen mittlerweile vor urbanem Flair und maritimen Einflüssen.

> YACHT-WATCHING AN DER

> MARINA PORT VELL

> ESSEN ZWISCHEN BERÜHMTHEITEN

> SHOPPING IM MAREMÀGNUM

> BARCELONA VON OBEN

> ....

> ....

> ....

Historie trifft auf urbanes Flair und erstklassige Aussichten.

La Barceloneta

SEHENSWERTES

23 ALTER HAFEN MARINA PORT VELL

24 HAFENSEILBAHN TELÈFERIC DEL PORT

25 STRÄNDE VON BARCELONA

26 HOTEL W BARCELONA &
NOU PASSEIG DEL TRENCAONES

ESSEN & TRINKEN

27 FIT BAR

28 PEZ VELA

29 LA CALA BARCELONETA

30 BIVIO STEAK HOUSE BARCELONA

SHOPPING

31 MAREMÀGNUM

LA BARCELONETA

ROOFTOP VIEW ROOFTOP VIEW

FOTO TIPP FOTO TIPP

TIPP

Von der Rooftopbar 1881
per Sagardi auf dem Dach
des Museums der Ge-
schichte Kataloniens hat
man eine wunderschöne
Aussicht auf den Hafen,
das Meer und die Skyline.
Reduziertes Design,
kreative Drinks und DJs,
die abends entspannt
auflegen, machen sie zu
etwas Besonderem.

SEHENSWERTES

23. ALTER HAFEN MARINA PORT VELL

Beginnend an der Kolumbussäule, am Ende der Rambla, erstreckt sich der alte Hafen Port Vell. Neben Segelbooten kannst du bis zu 180 m lange Yachten aus nächster Nähe bestaunen. Auch die „Golondrinas" legen hier für Hafenrundfahrten ab. In der Verlängerung der Rambla führt ein geschwungener Steg mit Holzboden, die Rambla del Mar, zum Einkaufszentrum Maremàgnum. Spektakulär auch, wenn die Brücke für Segelboote, deren Masten zu hoch sind, geöffnet wird. Spazierst du den Hafen entlang, kannst du neben der berühmten lächelnden Garnelenskulptur Gamba von Javier Mariscal die Plastiken des Pop-Art-Künstlers Roy Lichtenstein sowie das historische Segelschiff Santa Eulàlia bewundern. Auf der Moll d'Espanya am Hafenbecken liegt das Aquarium Barcelonas mit 80 Meter langem Unterwassertunnel durchs Haifischbecken. Der Palau de Mar ist auch ganz in der Nähe an der Plaça de Pau Vila und beheimatet das Museum der Geschichte Kataloniens. Wie du merkst, reihen sich in und um den alten Hafen die Sehenswürdigkeiten nur so aneinander.

Moll de Bosch i Alsina 1

24. HAFENSEILBAHN TELÈFERIC DEL PORT

Barcelona kann man auf diverse Arten erleben, beispielsweise von oben! Nutze dafür einfach eine der zwei Seilbahnen, den Telefèric del Port und Telefèric de Montjuïc. An der Torre de Sant Sebastià startet der Telefèric del Port, führt über die wegen Renovierung geschlossene Mittelstation Torre Jaume I und endet an der Bergstation Miramar. Die Kosten dafür liegen zwischen 12–20 Euro. Die zweite Option, der Telefèric de Montjuïc, startet am Parc de Montjuïc, macht Zwischenhalt am Castell de Montjuïc und endet am Aussichtspunkt Mirador de l'Alcade. An der Schlossstation hast du die Möglichkeit, aus- und wieder einzusteigen und so auf eine kleine Erkundungstour zu gehen. Kostenpunkt: 10–15 Euro. Bei beiden Seilbahnen kannst du dich entscheiden, entweder ein One Way Ticket oder ein Ticket für Hin- und Rückfahrt zu kaufen. Deinen Start- und Endpunkt wählst du frei und kannst an den Zwischenhalten die Kabine verlassen und Barcelona entdecken.

Pg. de Joan de Borbó 88 |
www.telefericodebarcelona.com

Oben angekommen, befindet sich an der Bergstation die Terraza Miramar – eine super Location, um einen Drink mit Ausblick zu genießen.

SKYLINE-VIEW SKYLINE-VIEW

TIPP
Das Surf House am Platja de Sant Miguel ist Strandimbiss und Surf Schule zugleich und bietet zahlreiche Aktivitäten wie Stand-up-Paddeln, Workouts und Joggen an. Vor allem aber leckeres Essen.

Der Barceloneta-Abschnitt eignet sich aufgrund seiner Nähe, um den Sonnenauf- oder -untergang am Strand zu erleben und für ein Foto einzufangen. Andere Strände sind aber schöner.

25. STRÄNDE VON BARCELONA

Der wohl bekannteste Strandabschnitt Barcelonas ist die Platja de la Barceloneta. Als ich nach Barcelona gezogen bin, war ich zuerst an diesem Strandabschnitt, da er sehr leicht zu erreichen ist. Mit der Zeit habe ich aber festgestellt, dass Barcelona weitaus schönere Strände zu bieten hat: **Alles, was an Strand hinter dem Casino kommt, ist viel ruhiger und angenehmer.** Der Strandabschnitt Nova Icària ist okay, die sich nach Nordosten anschließenden Strände Platja de Bogatell, Platja de la Nova Mar Bella und Platja de Llevant lohnen sich aber sehr. Wenn du nicht weit laufen möchtest, solltest du in Richtung Sant Sebastià Beach gehen. **Mein Tipp: Buche dir am Hafen des Port Olímpic Barcelona einen Bootsausflug!** Vom Wasser aus hast du einen tollen Blick auf Barcelona, insbesondere bei Sonnenuntergängen. Wenn du Lust auf einen kompletten Strandtag hast, empfehle ich dir mit dem Bus oder der Bahn Richtung Costa Brava zu fahren. Hier gibt es die traumhaftesten Buchten, darunter Blanes, Tossa de Mar, S'Agaró, Platja d'Aro und Palamós.

Pg. Marítim de la Barceloneta

BUCKET LIST
Strände

Der perfekte Ort für einen Strandtag! Lass dich von diesem Ort inspirieren.
Beschreibe beispielsweise, was dich gerade besonders glücklich macht,
zeichne das Panorama oder die Umrisse der Muscheln, die du beim Schnorcheln
gesehen hast.

LA BARCELONETA

Die „Rooftopbar" des Hotels W in Barcelona findest du in der 1. Etage. Der dortige Blick auf den Strand ist dennoch einen Besuch wert.

ROOFTOP VIEW ROOFTOP VIEW

26. HOTEL W BARCELONA & NOU PASSEIG DEL TRENCAONES

Vermutlich eines der bekanntesten Hotels in Barcelona ist das Hotel W (Wella ausgesprochen), es erinnert an ein 99 m hohes Großsegel. In die eine Richtung schließen sich die Strände Barcelonas an. Auf der anderen Seite ragt der Nou Passeig del Trencaones ins Meer hinaus. Hier machen Gruppen oft Sport, Leute sind mit ihren Skateboards oder Inlineskates unterwegs oder man verabredet sich einfach nur, um den Sonnenuntergang zu genießen. Am Hotel „Wetdeck" findet sonntags regelmäßig eine Party statt – hierzu lohnt es sich auf jeden Fall, Tickets im Voraus zu sichern. Wenn du nicht im Hotel übernachtest, aber trotzdem die unglaubliche Aussicht genießen möchtest, kannst du den Aufzug in die W Barcelona Eclipse Bar in der 26. Etage nehmen, um hier entweder etwas zu trinken oder Party zu machen. Aufgepasst: Dresscode ist angesagt! Sneaker sind beispielsweise an Frauen nicht gern gesehen und könnten verhindern, dass du reinkommst.

Hotel W: Pl. de la Rosa dels Vents 1, Final Pg. de Joan de Borbó

ESSEN & TRINKEN

27. FIT BAR

Eine Anlaufstelle für healthy food in La Barceloneta ist für mich die Fit Bar. Hier findest du eine große Auswahl an leckeren und überwiegend veganen Bowls. Diese sind zuckerfrei und können optional mit Honig oder Agavensirup getoppt werden. **Eine besondere Empfehlung meinerseits sind die Açai-Bowls.** Die Frucht ist in den letzten Jahren absolut in den Trend gekommen und inzwischen mehr als einfach eine Eis-Alternative. Sie gilt aufgrund ihrer Nährstoffe als Superfood und schmeckt obendrein supergut! Vegane Açai-Bowls bekommst du außerdem einmal ums Eck bei Oakberry, die viele Standorte in der Stadt haben. Hier entscheidet man sich für eine Größe und erhält alle Toppings inklusive.

C/ de St. Miquel 41 | www.thefitacai.com

28. PEZ VELA

Das Pez Vela in der Nähe des Hotels W ist eine super Idee, wenn du Lust auf Paella oder Tapas hast. Hier komme ich immer wieder gerne hin, vor allem wenn ich Besuch in der Stadt habe. Das Essen hat mich vom ersten Moment an überzeugt. **Obendrein bietet die direkte Strandlage tolle Views und Urlaubsfeeling pur.** Des Weiteren stehen die Chancen hier nicht schlecht, dass der eine oder andere Fußballer oder andere Stars und Sternchen am Tisch neben dir Platz nehmen, um sich mit leckeren Gerichten verwöhnen zu lassen.

Pg. del Mare Nostrum 19/21 | grupotragaluz.com/restaurantes/pez-vela

LA BARCELONETA

Fit Bar

Fit Bar

VEGAN VEGAN VEGAN VEGAN

29. LA CALA BARCELONETA

Das La Cala ist einer meiner Lieblingsspots, wenn es um Frühstück geht. Die hier herrschenden Bali Vibes liebe ich, sie lassen die Location super einladend wirken. Die Auswahl ist im Vergleich zu anderen Restaurants eher klein, dafür aber geschmacklich mega lecker und preislich mehr als fair. Die Karte umfasst Sandwiches, Açai oder Joghurt Bowls, Donuts, Bananenbrot, Croissants und Getränke, darunter auch eine gute Auswahl Veganes. **Alles, was man für ein leckeres, basic Frühstück braucht.**

C/ de l'Escar 18 5B | @lacalabarceloneta

30. BIVIO STEAK HOUSE BARCELONA

Gegenüber des Pla de Miguel Tarradell, dem Platz am alten Hafen, befindet sich ein weiterer Foodspot, den ich sehr schätze: das Bivio Steak House Barcelona. Doch lasst euch vom Namen nicht täuschen. **Im Bivio gibt es nämlich nicht nur Steak, sondern auch weitere, lokale Spezialitäten.** Ich esse hier bevorzugt Paella, Tapas oder andere Fischspeisen. Das Einzige, was hier fehlt, ist die Aussicht auf den Strand. Ansonsten kann ich das Bivio Steak House nur wärmstens empfehlen. Geschmacklich ist es hier klasse!

Pg. de Joan de Borbó 60 | www.restaurantebivio.com | @biviosteakhouse

VEGAN VEGAN VEGAN VEGAN

La Cala Barceloneta

SHOPPING

31. MAREMÀGNUM

Das Maremàgnum Shopping-Center (täglich offen) befindet sich am Hafen von Barcelona und ist über die Rambla del Mar einfach zu erreichen. Letztere erstreckt sich vom Kai Moll d'Espanya bis zur Kolumbussäule und ist eher eine Brücke als eine „Rambla". Die meisten Menschen nutzen den 1994 fertiggestellten Holzsteg für einen Spaziergang oder eine kleine Auszeit auf einer der Holzbänke. Neben zahlreichen Shops verfügt das Maremàgnum auch über ein paar Bars und Restaurants. So wartet während oder nach dem Shopping die passende Stärkung und Erholung auf dich.

Moll d'Espanya 5 | maremagnum.klepierre.es | @maremagnumbc

LA BARCELONETA

Auf der Rambla de Mar kannst du dich super für ein Foto in Szene setzen.

BARCELONA
El Born

Das Viertel El Born bietet eine große Auswahl an Bars und Cafés sowie viele kleine, süße Shops, die nur darauf warten, von dir erkundet zu werden! Um das Viertel und seine Historie zu erleben, lohnt es sich, in Ruhe durch die kleinen Gassen zu spazieren. Auf diese Weise kannst du El Born mit all seinen Besonderheiten einfach auf dich wirken lassen.

ERLEBNIS HIGHLIGHTS EL BORN

> **VERGANGENHEIT TRIFFT AUF MODERNE**

> **TÖRTCHEN IN DER PASTELERÍA HOFMANN**

> **VERSCHNAUFPAUSE IM PARC DE LA CIUTADELLA**

> **BUNTES TREIBEN IM MERCAT DE SANTA CATERINA**

> ....

> ....

> ....

Kunst, Kultur und viele Näschereien – Erlebnistour durch El Born!

El Born

SEHENSWERTES

- 32 ARC DE TRIOMF
- 33 MUSEU PICASSO DE BARCELONA
- 34 PALAU DE LA MUSICA CATALANA
- 35 MOCO MUSEUM
- 36 PALAU DALMASES
- 37 BASILICA DE SANTA MARIA DEL MAR
- 38 AVINGUDA MARQUES DE L'ARGENTERA & ESTAÇIÓ DE FRANÇA
- 39 PASSEIG DEL BORN & PLAÇA COMERCIAL
- 40 AIRE ANCIENT BATHS BARCELONA

PARKS

- PARC DE LA CIUTADELLA

ESSEN & TRINKEN

- 42 SÜSSES IN EL BORN
- 43 CASA LOLEA
- 44 NOMAD COFFEE LAB
- 45 RESTAURANT QUILLO BAR
- 46 HONEST GREENS
- 47 BRONZO

SHOPPING

- 48 CASA GISPERT
- 49 MERCAT DE SANTA CATERINA
- 50 GÄSSCHEN VON EL BORN

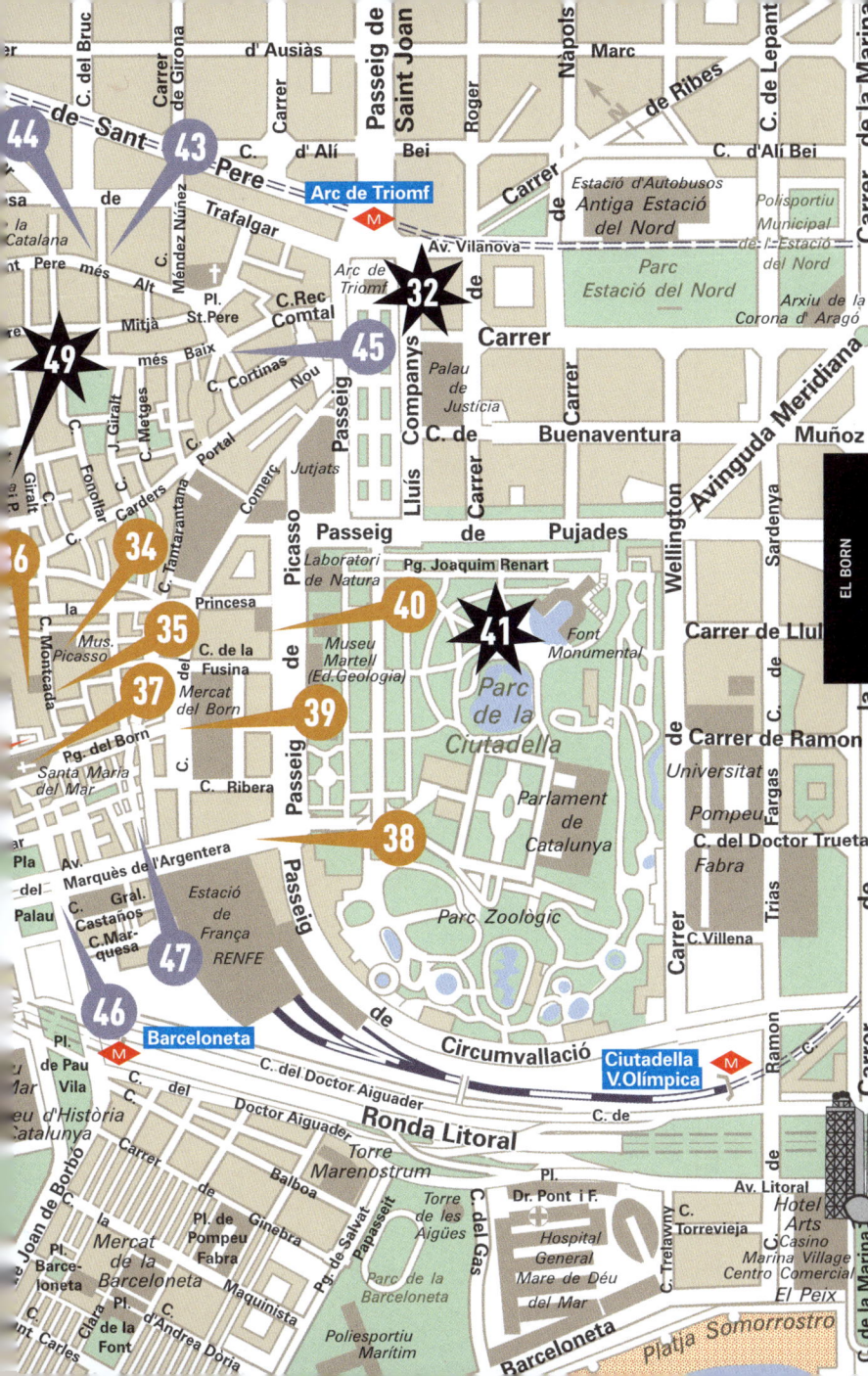

SEHENSWERTES

32. ARC DE TRIOMF

Barcelonas Arc de Triomf ist ein architektonisches Highlight, **das du bei deinem Besuch in der Stadt auf jeden Fall gesehen haben solltest.** Für die Weltausstellung 1888 gebaut und von Josep Vilaseca Casanovas entworfen, zeigt der Bogen das Wappen Barcelonas sowie die Wappen aller spanischer Provinzen. Besonders bezaubernd wirken die in Stein gemeißelten Details im eindrucksvollen Mudéjarstil. Der Arc de Triomf ist mit seiner Position am nordöstlichen Ende der Altstadt gut sichtbar und super praktisch mit Metro und Bussen zu erreichen, die dich direkt bis an den Fuß des Torbogens bringen. Er kennzeichnet den Anfang der Promenade Passeig de Lluís Companys, die zum Parc de la Ciutadella führt und förmlich zu einem Spaziergang einlädt.

Obwohl der Triumphbogen ein sehr beliebtes Besucherziel darstellt, ist er nie überfüllt.

Pg. de Lluís Companys

BUCKET LIST

Arc de Triomf

Du hast unseren Tipp abgehakt?
Hier ist Platz für ein Foto.

Das bin ich am Arc de Triomf

33. PALAU DE LA MUSICA CATALANA

Der Weltkulturerbe-Konzertsaal Palau de la Musica Catalana bietet die perfekte Möglichkeit für eine Auszeit vom Trubel. Genieße einen stimmungsvollen Abend bei einem Konzert oder erkunde während einer Führung die vielen Highlights des Modernisme-Gebäudes! Beides lohnt sich, da der Palau de la Musica Catalana ein wahrer Blickfang ist. Egal wohin man sieht, überall können Skulpturen und Bauelemente im Stil der Moderne sowie des Barocks entdeckt werden. Die zahlreichen Buntglasfenster zaubern faszinierende Lichtspiele an die Wände. **Nicht vergessen: Tickets am besten im Voraus online kaufen, da ein Großteil des Palau de la Musica Catalana ohne Eintrittskarte nicht besichtigt werden kann.**

C/ Palau de la Música 4–6 | www.palaumusica.cat/ca | @palaumusicacat

34. MUSEU PICASSO DE BARCELONA

Wer in Barcelona ist und wie ich allgemein gerne in Museen geht, sollte unbedingt das Museu Picasso de Barcelona auf seine Liste setzen. Seit 1963 kann man hier eine umfangreiche Sammlung von Pablo Picasso besichtigen, die das Lebenswerk des Malers und Bildhauers präsentiert. **Versteckt hinter der gotischen Architektur des Gebäudes erwartet dich die bunte Welt des Künstlers mit über 4.200 Kunstwerken.** Über drei Stockwerke verteilt, zeigt sich auch Picassos innige Beziehung zu Barcelona.

C/ de Montcada 15–23 | museupicassobcn.cat | @museupicasso

Palau de la Musica Catalana

ROOFTOP VIEW ROOFTOP VIEW

Klein, aber fein, mit eine tollen Blick über Barcelona Dächer: die Rooftopbar des Hotels Ohla an der Via Laietana ums Eck des Palau de la Musica Catalana.

FOTO TIPP FOTO TIPP FOTO TIPP FOTO TIPP

Palau Dalmases

35. MOCO MUSEUM

Moderne Künstler:innen und aufstrebende Stars gibt es im Moco Museum zu entdecken. Hier kannst du hochmoderne Street-Art-Werke von Banksy, Andy Warhol, Jean-Michel Basquiat, Salvador Dalí, Damien Hirst, Keith Haring und vielen mehr bewundern. Dass das Museum sich am Puls der Zeit bewegt, zeigt sich in den gesonderten Räumen, in denen du die experimentelle und digital angelehnte Kunst von Les Fantômes, teamLab und Studio Irma hautnah erleben kannst. Die Erklärungen bei den Bildern sind in Englisch, Katalanisch und Spanisch. Den Audioguide gibt es noch in weiteren Sprachen, dieser umfasst aber nur einige ausgewählte Bilder. Ein Ausflug ins Moco Museum, der 20 Euro kostet, dauert ungefähr eine Stunde, da das Museum klein ist. Es lohnt sich aber auf jeden Fall, diesen coolen Instagram-Spot zu besuchen, um in die bunte Welt der Künstler:innen einzutauchen.

C/ de Montcada 25 | mocomuseum.com | @mocomuseum

36. PALAU DALMASES

Inmitten der Altstadt erwartet dich im Palau Dalmases eine feurige Show. In der Location, die zu den prachtvollsten Barockgebäuden der Altstadt zählt, bekommst du die Chance, dich von Architektur, Musik und Performance im Zeichen des Flamencos komplett verzaubern zu lassen. Die besondere Stimmung, die knallenden Absätze der Tänzer:innen und das romantische Licht der Kerzen schaffen eine unvergleichliche Atmosphäre, die deinen Abend zu einem unvergesslichen Erlebnis macht. Flamencokonzerte gibt es täglich um 17:30, 18:45, 20:00 und 21:15 Uhr.

C/ de Montcada 20 | www.flamencopalaudalmases.com | @flamencopalaudalmases

TIPP

Ganz in der Nähe der Basilica kannst du dich am Passeig d'Isabell vor den Fluchten der Palmenallee für ein kleines Shooting super in Szene setzen.

37. BASILICA DE SANTA MARIA DEL MAR

Barcelona hat an jeder Ecke etwas Besonderes, so auch im El Born-Viertel. Dort steht ganz in der Nähe des Meeres die wunderschöne Basilica de Santa Maria del Mar, weswegen sie gerne auch die „Kathedrale des Meeres" genannt wird. Interessant zu wissen ist, dass die Kathedrale nicht nur in einer Rekordzeit von rund 50 Jahren errichtet wurde, sondern auch eine beeindruckende Leistung der Anwohner:innen darstellt. So haben beispielsweise Hafenarbeiter:innen die benötigten Steine zur Kirche bewegt. Bei einem Besuch der Kathedrale kannst du dich von der schlichten, hellen und ruhigen Atmosphäre und den Anstrengungen der Bastaixos einnehmen lassen. Wenn du dich auf deinen Barcelona-Trip vorab schon etwas einstellen willst, schau doch mal nach der Serie „Die Kathedrale des Meeres" oder lese den namensgleichen Roman. In beiden Fällen wird das mittelalterliche Leben in Barcelona und der Bau der Kathedrale thematisiert und **steigert bestimmt die Vorfreude auf deine Zeit in der Stadt!**

Pl. de Santa Maria 1

38. AVINGUDA MARQUÈS DE L'ARGENTERA & ESTACIÓ DE FRANÇA

Ein Spaziergang auf der Avinguda Marquès de l'Argentera lohnt sich, um in einem der vielen Cafés bei einem Kaffee im sonnigen Ambiente die Seele baumeln zu lassen. Denn hier kannst du die Sonne etwas länger genießen als im Rest Barcelonas, in dem die hohen Gebäude sonst oft schon früh Schatten auf die Terrassen werfen. Und wenn du schon in der Nähe bist, kannst du deine Erkundungstour gleich zur Estació de França fortsetzen. Dabei handelt es sich um einen Bahnhof, der mit seiner eleganten Erscheinung ein richtiger Hingucker ist. Da heutzutage die hektische Betriebsamkeit nicht mehr im gleichen Maß vorhanden ist wie früher, kannst du hier auch tolle Fotos der Architektur im Bahnhofsinneren und am Bahnsteig selbst machen.

Av. Marquès de l'Argentera

Estació de França

EL BORN

Meine Go-To Location für Frühstück und Lunch ist auf jeden Fall das Lulu & Flyn an der an der Av. del Marquès de l'Argentera. Sollte es hier mal keinen Platz geben, keine Panik! Es gibt eine weitere Location in der Nähe des Arc de Triomf. Im Café bekommst du neben Bowls und Smoothies auch superleckeren Toast in süßen und herzhaften Varianten.

39. PASSEIG DEL BORN & PLAÇA COMERCIAL

Auf der Suche nach guten Bars ist man in der Passeig del Born und auf dem Plaça Comercial goldrichtig. Am Abend leben die Straßen und Bars richtig auf und es herrscht eine super Stimmung! Meine Lieblingsbars sind das Creps al Born, wo es eine leckere Frozen Sangria gibt, sowie die Bar Sauvage und das Farola, das mit seinem Wild Rosé punkten kann. Aber auch am Plaça Comercial wirst du fündig. Dort kannst du im El Born Centre de Cultura i Memòria die freigelegten unterirdischen Ruinen bestaunen. Doch auch tagsüber ist die Gegend einen Besuch wert. Der Passeig del Born steckt voller Geschichte und die Gebäude erinnern an eine Zeit aus dem Mittelalter.

Pg. del Born / Plaça Comercial

40. AIRE ANCIENT BATHS BARCELONA

Wenn es in Barcelona einmal regnen sollte oder du einfach eine kleine Auszeit brauchst, ist das Aire Ancient Bath, **ein Spa mit verschiedenen Wellnessangeboten,** genau das Richtige für dich. Beim Genießen eines Spa-Tages in Barcelona ist zu beachten, dass die Spas in Spanien in der Regel keine heißen Becken bieten; die Temperaturen neigen eher dazu, lauwarm zu sein. Das Aire Ancient Baths Barcelona ist in diesem Fall aber eine Ausnahme! In einem alten Fabrikgebäude versteckt sich die Wohlfühloase und lässt dabei keine Wünsche offen. Entspannende Massagen? Check. Ein heißes Bad oder zu zweit in spanischem Wein entspannen? Check. Hier kannst du einfach den Kopf ausschalten, runterkommen und den Stress vergessen.

Pg. de Picasso 22 | beaire.com/es/aire-ancient-baths-barcelona | @aireancientbaths_es

Centro Cultural

Rund um die romantische Kulisse des Brunnens sind die möglichen Fotomotive endlos. Posiere zum Beispiel auf den Stufen hinter den Kaskaden.

PARKS

41. PARC DE LA CIUTADELLA

Du machst genauso gern wie ich einen Spaziergang oder ein kleines Picknick mit Freund:innen im Park? Dann wird dir der Parc de la Ciutadella genauso sehr gefallen wie mir! Praktisch zum Beispiel eine Picknickbox bei Carnaby Box (@carnabybox). Doch bevor es den Park gab, wie man ihn heute kennt und liebt, stand an selber Stelle bis 1868 eine Militärfestung. Als Zeichen des Neuanfangs fand 1888 auf dem Gelände die erste Weltausstellung in Barcelona statt. Der Park ist eine der größeren grünen Oasen der Stadt. Er beherbergt außerdem den Zoo, das Katalanische Parlament, das Museu d'Art Modern, das zoologische Museum oder das Museu de Geologia.

Meine persönlichen Highlights sind der „Font de la Cascada", der mit seinem Wasserfall und seinen Wasserfontänen zu den beeindruckendsten Brunnen der Stadt zählt, sowie eine kleine Ruderboot-Tour über den See.

Pg. de Picasso 21

BUCKET LIST
Parc de la Ciutadella

Hier gibt es so viel zu sehen, dass ein Bild nicht ausreicht

ESSEN & TRINKEN

42. SÜSSES IN EL BORN

CHÖK

Das chök habe ich auf meiner ersten Reise kennen und lieben gelernt. Hier gibt es Donuts, Kronuts, Cupcakes bis hin zu Pralinen. Gut zu wissen ist, dass sie ebenfalls eine **vegane und glutenfreie Auswahl** haben.

Pl. Comercial 9 | www.chok.shop/en | @thechokshop

GOCCE DI LATTE

Wer die Kombination von Süßem und Kaltem bevorzugt, sollte sich unbedingt für ein Eis bei Gocce di Latte entscheiden. Hier gibt es nicht nur vegane Optionen, sondern vor allem einen eigenen, zweiten Store, der komplett vegan ist! **Das saisonale Angebot wechselt regelmäßig.**

Pla de Palau 4, bajo | @goccedilatte

PASTELERÍA HOFMANN

In dieser mehrfach ausgezeichneten Konditorei ist die Auswahl so kreativ wie bunt – und schreit förmlich danach, fotografiert zu werden. Denn wer erwartet schon Törtchen, die zum Verwechseln wie Vulkangestein, eine Haselnuss oder ein Coffee-to-go-Becher aussehen? Auch die Croissants sind ein Traum und bei Füllungen wie Mango-, Schoko-, Marzipan- oder Marscarponecreme weiß man gar nicht, was man zuerst probieren will.

C/ dels Flassaders 44 | hofmannpasteleria.com | @pasteleriahofmann

BRUNELLS

Im Brunells musst du die Croissants mit diversen Füllungen probieren. Da diese sehr angesagt sind, bring etwas Geduld mit.

C/ de la Princesa 22 | www.brunells.barcelona | @brunells1825

43. CASA LOLEA

Wenn dich die Lust auf Tapas packt, empfehle ich dir das Casa Lolea. Die traditionelle Art trifft auf zeitgemäße Einflüsse und man kann vorzügliche Tapas mit erstklassiger Sangria genießen. Obendrauf herrscht eine gemütliche und authentische Atmosphäre, die eine gute Zeit verspricht.

C/ de Sant Pere Més Alt 49 | www.lolea.com | @casalolea

44. NOMAD COFFEE LAB

Im Nomad Coffee ist für alle Kaffeeliebhaber:innen etwas dabei: Egal ob du Siebträger- oder Filterkaffee, Iced Coffee oder Cold Brew bevorzugst – bei der riesigen Auswahl wirst du bestimmt fündig! Ebenso spricht das Angebot an Röstungen für sich. Deine Lieblingsröstung kannst du auch kaufen, um sie zuhause zu genießen.

Passatge Sert 12 | nomadcoffee.es | @nomadcoffee

EL BORN

Da das Casa Lolea doch recht klein und vor allem sehr beliebt ist, solltest du lieber reservieren.

45. RESTAURANT QUILLO BAR

Ins Quillo gehe ich, wenn ich traditionelle Gerichte oder Tapas mit einem modernen andalusischen Touch genießen möchte, da die Betreiber selbst aus dem Süden kommen. Ihr Ensaladilla Rusa, ein Kartoffelsalat mit Thunfisch und Mayonnaise, ist nicht umsonst legendär. Sie wollten nicht nur ihre Küche, sondern auch die offene, unterhaltsame Kultur mitbringen, weshalb es Live-Rumba- und Flamenco-Musik gibt. Genau wie das Essen besticht auch das Design durch seinen modern-rustikalen Anstrich – warm und einladend. Ein paar Tische gibt es auch auf der Terrasse.

C/ del Rec Comtal 2 | quillo-bar.com | @quillobar

chök

VEGAN VEGAN VEGAN VEGAN

Kröuat
5.15

Im Honest Greens stellst du dir dein Essen – vegan oder nicht – ein wenig selbst zusammen.

VEGAN VEGAN VEGAN VEGAN

46. HONEST GREENS

Barcelona kann ich mir ohne Honest Greens einfach nicht vorstellen. Außerdem kenne ich niemanden, der nach einem Besuch nicht schon an den nächsten gedacht hat. Cool ist hier das Konzept: Die Base bildet ein Salat und/oder Brot – Proteine und Beilage können frei gewählt werden und wechseln regelmäßig je nach Saison. Ebenfalls gibt es wirklich leckere Desserts, wie meine Favoriten, den Passionsfrucht-Matcha-Kuchen, die Cupcakes oder den großen Cookie mit Schokostücken. Je nachdem, wann und welches Honest Greens du besuchst (am besten nicht zur Lunch-Zeit), kannst du hier auch remote arbeiten. Am wohlsten fühle ich mich im Honest Greens Tuset und im El Born.

Pla de Palau 11 | honestgreens.com/en/
our-restaurants-barcelona-2 | @honestgreens

47. BRONZO

Das Bronzo ist eine richtige venezianische Taverne mit unverfälschtem italienischen Essen. Saisonal wechselnde Gerichte, im Steinofen gebackene „Pizette" und selbstgemachte frische Nudeln stehen auf der kleinen, aber ausgesuchten Karte. Auf Nachfrage macht das freundliche Personal gerne ein vegetarisches oder veganes Angebot. Ich für meinen Geschmack bin absoluter Fan der Nudeln mit Tomatensauce. Hört sich einfach an, oder? Und trotzdem die beste Pasta, die ich je gegessen habe!

VEGAN VEGAN VEGAN VEGAN

C/ del Rec 60 | bronzo.es |
@bronzobcn

SHOPPING

48. CASA GISPERT

Ich hatte die Möglichkeit mit meinen Eltern zusammen die Casa Gispert zu besuchen und war fasziniert von der Atmosphäre des über 150 Jahre alten Kolonialwarenladens im Ribera-Viertel. Hier kannst du ganz nach dem Motto „no waste" Nüsse, Tee, Gewürze und Trockenfrüchte kaufen.

C/ dels Sombrerers 23 | www.casagispert.com/en | @casagispert

49. MERCAT DE SANTA CATERINA

Mit seinem auffällig bunten welligen Dach ist die Markthalle zu einem **Kennzeichen des Viertels** geworden. Hinter dem Design steckt das barcelonische Architektenpaar Enric Miralles und Benedetta Tagliabue. Um deinen Besuch vor Ort zu einem richtigen Erlebnis zu machen, begib dich einfach selbst in das bunte Markttreiben. Solltest du bei deiner Erkundungstour Hunger bekommen, begib dich in den hinteren Teil des Markts und gönn dir einen Leckerbissen!

Av. Francesc Cambó 16 | mercatsantacaterina.com | @mercat_santa_caterina

50. GÄSSCHEN VON EL BORN

Allgemein gibt es in El Born viele kleine Gassen mit einheimischen Shops, die man für eine kleine Shoppingtour aufsuchen kann. Einige Straßen, mit denen du starten kannst, wären die Carrer de l'Argenteria, Carrer dels Carders, Carrer de Sant Pere Més Baix, Plaça de Sant Agustí Vell und Carrer de Sant Pere Més Alt.

C/ de l'Argenteria u. a.

EL BORN

Mercat de Santa Caterina

BARCELONA

Eixample

Das Viertel Eixample, zu Deutsch „Erweiterung", entstand in den 1850er Jahren und ist in erster Linie für sein rasterförmiges Grid aus Häuserblocks mit abgeschrägten Ecken bekannt. In dem Viertel findest du die größte Dichte an Modernisme-Gebäuden der Stadt, darüber hinaus zahlreiche exzellente Shoppingmöglichkeiten sowie unzählige Cafés und Optionen für Nachtschwärmer:innen. Viel Spaß beim Erkunden!

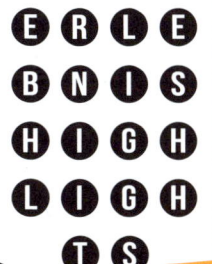

Eixample

> **CAFÉS UND BRUNCH AN JEDER ECKE**

> **DRINKS MIT FANTASTISCHER AUSSICHT**

> **PREISSCHLACHTEN IM LAS ARENAS**

> **FLANIEREN AUF HISTORISCHEN**

> **BOULEVARDS**

> ....

> ....

> ....

> ....

Hochburg des Modernisme mit ganz viel Gaudí

Eixample

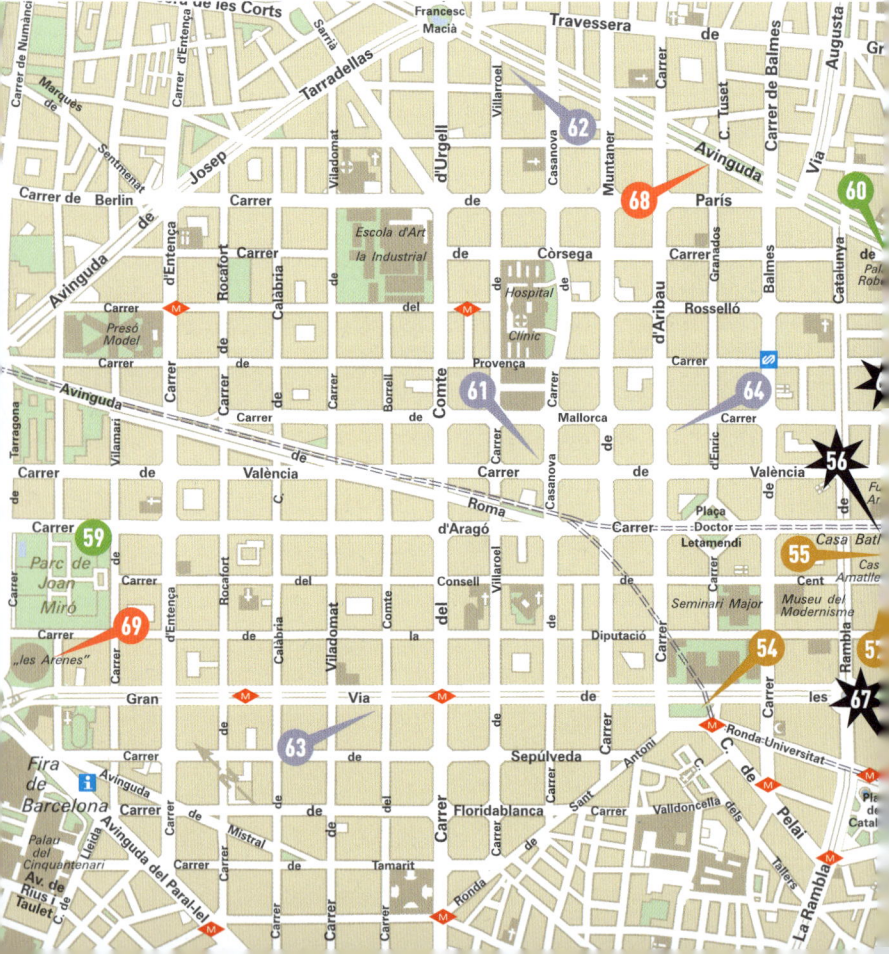

ÜBERSICHTSPLAN BARCELONA EIXAMPLE

SEHENSWERTES
- **51** SAGRADA FAMILIA
- **52** AVINGUDA DIAGONAL
- **53** CASA MILÀ & PASSEIG DE GRÀCIA
- **54** PLAÇA DE LA UNIVERSITAT
- **55** CASA MUSEU AMATLLER
- **56** CASA BATLLÓ
- **57** CASA LLEÓ MORERA
- **58** TORRE GLÒRIES

PARKS
- **59** PARC DE JOAN MIRÓ
- **60** JARDÍ DEL PALAU ROBERT

ESSEN & TRINKEN
- **61** CAFÉS UND BRUNCH IM EIXAMPLE
- **62** EUROPA CAFÉ
- **63** BAR ALEGRIA
- **64** LA PAPA ARIBAU

EL NACIONAL
- **65** EL NACIONAL
- **66** DIE BESTEN ROOFTOPBARS IN BARCELONA

SHOPPING
- **67** PASSEIG DE GRÀCIA
- **68** AVINGUDA DIAGONAL
- **69** ARENAS DE BARCELONA

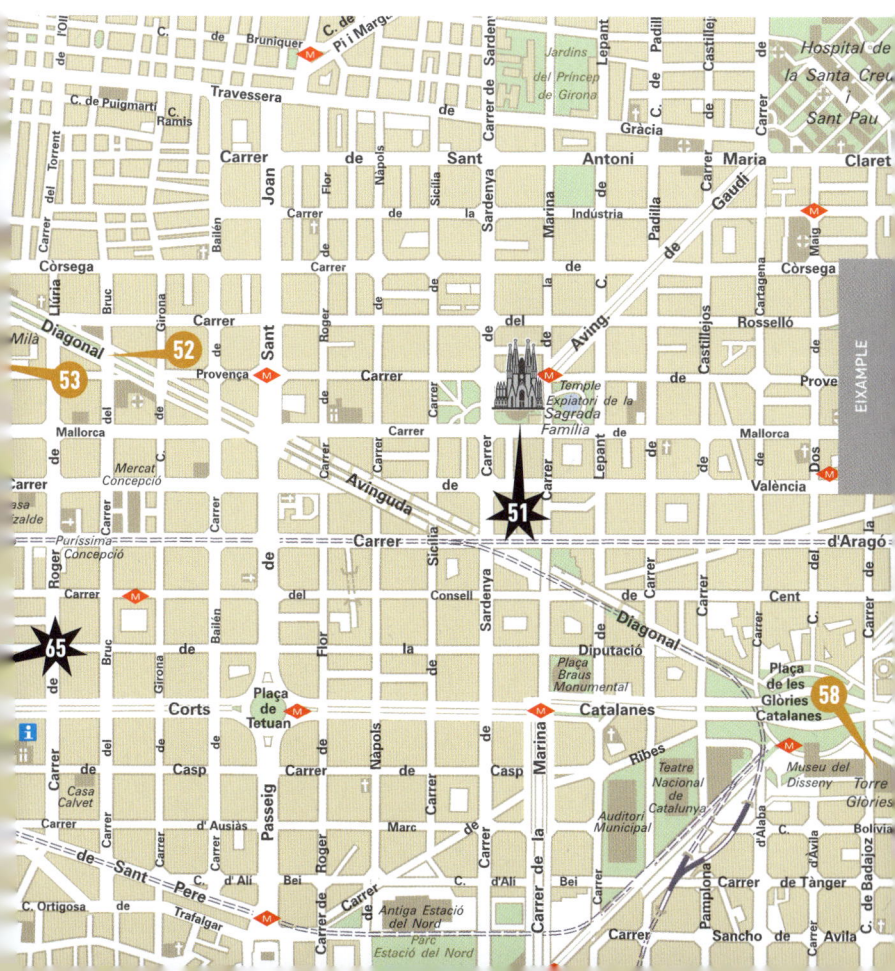

SEHENSWERTES

51. SAGRADA FAMILIA

Die Sagrada Familia ist wahrscheinlich DAS Wahrzeichen Barcelonas. Daher ist es auch nicht verwunderlich, dass jeden Tag tausende Tourist:innen zu diesem Meisterwerk strömen. Ich empfehle dir definitiv, es ihnen gleichzutun und dir das Gebäude einmal von innen anzusehen. Du wirst schwer beeindruckt sein! Buche dafür am besten im Voraus ein Ticket, ansonsten kann es dir passieren, dass du gute zwei Stunden in der Warteschlange verbringst. Willst du Erinnerungsfotos von deinem Besuch der Sagrada Familia machen, so kann ich dir den Park hinter dem Monumentalbau nahelegen. Der kleine See und die Steinmauer bieten die ideale Kulisse für atmosphärische Fotos. Im Winter kannst du hier einen „Weihnachtsmarkt" besuchen, auch wenn bei milden Temperaturen und unter Palmen nur bedingt Weihnachtsstimmung aufkommt.

C/ de Mallorca 401 | sagradafamilia.org | @basilicasagradafamilia

> TIPP
>
> Ein Klassiker unter den Rooftop-Hotels ist das Sercotel Rosellón, von dem aus die besten Bilder der Sagrada Familia gemacht werden können. Aufgrund der Größe und Beliebtheit ist es allerdings schwer, einen Tisch zu bekommen.

BUCKET LIST
Sagrada Familia

So viele Motive für geniale Fotos.
Welches ist dir am besten gelungen?
Klebe es hier ein.

52. AVINGUDA DIAGONAL

Die Avinguda Diagonal gehört zu den bekanntesten Straßen Barcelonas. Ihr Name entstammt der Tatsache, dass sie das charakteristische, rechteckige Straßenmuster durchkreuzt. Entlang der elf Kilometer befinden sich etliche Wahrzeichen der Stadt. Die zwei bekanntesten sind die Casa de les Punxes und der Palau Baró de Quadras. Ersteres ist eine riesige, im Jahr 1905 erbaute Villa, die zu ihrer Zeit neue Maßstäbe im Bereich der Architektur setzte. Inspiration des Gebäudes war das Schloss Neuschwanstein, was die Ähnlichkeit mit einer Burg erklärt. Schräg gegenüber befindet sich der Palau Baró de Quadras, dessen Inneres stark von mittelalterlichen Legenden und Gotik geprägt ist. Darunter findest du sogar ein eigens für Baron Quadras entworfenes Wappen.

Av. Diagonal

53. CASA MILÀ & PASSEIG DE GRÀCIA

Der Passeig de Gràcia ist ein wunderschöner Boulevard im Eixample und für seine Dichte an atemberaubenden Gebäuden im Jugendstil bekannt. Heutzutage findest du hier zahlreiche Geschäfte diverser Luxusmarken sowie Hotels, Restaurants und Bars. Während des Windowshoppings kannst du also die Fassaden von Bauten wie der Casa Milà bewundern. Das Gebäude ist dank seiner welligen Fassade ein echter Hingucker. Von der Dachterrasse hast du einen unglaublichen Panoramablick auf Barcelona. **Kleiner Tipp: Es werden nächtliche Führungen angeboten – Getränke, Lightshows und Musik inklusive.** Hier gilt, unbedingt vorab online Tickets buchen.

Pg. de Gràcia 92 | lapedrera.com | @lapedrera_barcelona

ROOFTOP VIEW ROOFTOP VIEW

Kennst du keine Höhenangst, lohnt sich ein Besuch der Dachterrasse der Casa Milà.

Casa Milà & Passeig de Gràcia

FOTO TIPP FOTO TIPP FOTO TIPP FOTO TIPP

Plaça de la Universitat

TIPP
Gleich neben der Plaça de la Universitat empfehle ich dir das Restaurante Casa Luz, das du auf dem Foto auf S. 70 siehst. Das Lokal besucht man in erster Linie wegen der Atmosphäre, insbesondere bei Sonnenuntergang. Hier bekommst du kleine Portionen, die sehr lecker, aber preislich etwas gehobener sind.

54. PLAÇA DE LA UNIVERSITAT

Die Plaça de la Universitat ist eine coole Foto-Location im Eixample. Hier sind oft viele Skater:innen unterwegs, die an neuen Tricks tüfteln. Wenn auch du ein:e Fotografie-Enthusiast:in bist, kannst du eine geführte Fototour durch das Viertel machen, zum Beispiel über barcelonaphotographytour.com. Deren Touren beginnen meistens am Plaça de Catalunya. Wenn du es etwas preiswerter bevorzugst, kannst du auch bei TripAdvisor oder GetYourGuide nach ähnlichen Angeboten suchen.

Pl. de la Universitat

55. CASA MUSEU AMATLLER

Auch auf dem Passeig de Gràcia kannst du ein weiteres, atemberaubendes Gebäude des Modernisme bewundern: die Casa Museu Amatller. Das Haus des Schokoladenherstellers Amatller wurde 1900 von Puig i Cadafalch fertiggestellt und ist mittlerweile ein Museum. Auf zwei Etagen kannst du zahlreiche dekorative Elemente bestaunen. Darunter das Glasdach im Treppenhaus sowie der Kamin und das bunte Glasfenster im Esszimmer. Nach ihrem Besuch können die Besucher:innen in der Cafeteria ihre Eindrücke bei einem Getränk verarbeiten und im Shop ein Andenken erwerben. Auf einer Führung für 20 Euro gibt es eine Schachtel Amatller-Schokoladenblätter obendrauf. Viel Spaß!

Pg. de Gràcia 41 | www.amatller.org

EIXAMPLE

56. CASA BATLLÓ

Die imposanten Säulen am Eingang, darüber geschwungene, eiförmige Fenster, die Fassade detailreich und bunt verziert. Die Rede ist natürlich von der Casa Batlló. Die einen erinnert das Haus an Monets Gemälde „Seerosen", andere denken an ein steinernes Riesenreptil mit einem Dach wie ein Drachenrücken. Beim Entwurf ließ sich Gaudí von der Sage um St. Georg (St. Jordi), den Drachentöter und Schutzpatron Barcelonas, inspirieren. Besuche auch das Innere des Gebäudes. Die Audioguides bemerken, wenn du dich weiterbewegst und erzählen immer die passende Information. Für eine Führung der anderen Art gibt es zudem die Möglichkeit, den Audioguide durch ein Tablet zu ersetzen. So werden die relevanten Infos durch Hologramme vermittelt. Im Keller hast du die Möglichkeit, dich in die Rolle Gaudís zu versetzen. Zu empfehlen sind außerdem die Abendeintritte bis 20 Uhr mit besonderen Projektionen und Beleuchtungen. Zwei Stunden später werden die Türen für den Tag geschlossen. Die Casa Batlló besitzt auch eine Dachterrasse mit einer Bar. Meine Eltern, mein Bruder und ich waren uns einig: Der Eintritt hat sich gelohnt!

Pg. de Gràcia 43 | casabatllo.es | @casabatllo

Besonderer Hingucker ist die Fassade am 23. April zum Sant-Jordi-Fest, wenn sie wie der Rest der Stadt mit Rosen geschmückt wird.

BUCKET LIST
Casa Batlló

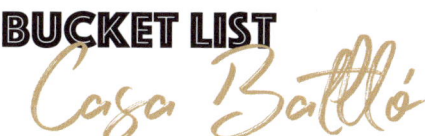

Klebe als Beweis, dass du hier warst,
deine Eintrittskarte und ein Foto ein.

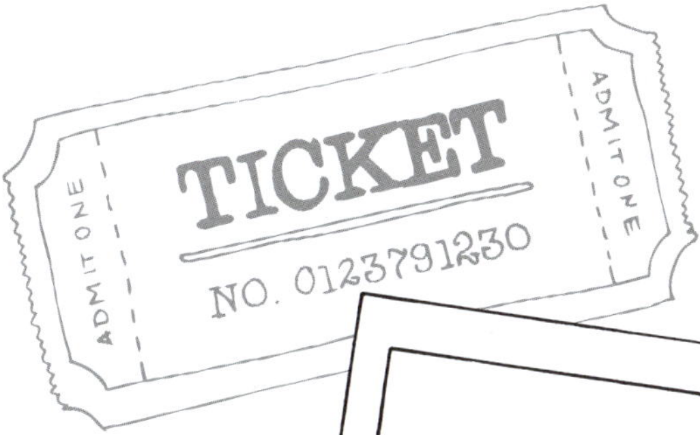
ADMIT ONE
TICKET
NO. 0123791230
ADMIT ONE

FOTO TIPP · FOTO TIPP · FOTO TIPP · FOTO

ROOFTOP VIEW · ROOFTOP VIEW

TIPP

Die Rooftopbar im Hoxton Hotel neben dem Torre Glòries bietet frische Drinks, coole Sounds und eine phänomenale Aussicht. Hier steigen häufig After-Work-Partys. Für Nicht-Gäste des Hotels ist die Bar jedoch nur in der Sommerzeit zugänglich.

57. CASA LLEÓ MORERA

Kommen wir zum nächsten Prunkbau am Passeig de Gràcia, der Casa Lleó Morera. Lluís Domènech i Montaners Bauwerk ist der Holy Grail für Freund:innen von Architektur und Flora. Zahlreiche Abbildungen von Blumen zieren die Außen- und Innenwände und machen das Gebäude zu einem echten Unikat. Unter Barceloner:innen ist die Casa Lleó Morera zusammen mit der Casa Amatller von Josep Puig i Cadafalch und Gaudís Casa Batlló als die Mançana de la Discòrdia, als Häuserblock der Zwietracht, bekannt. Die Legende, dass die drei Stararchitekten ihrer Zeit zerstritten waren und in Konkurrenz zueinander standen, ist jedoch nur das, eine Legende.

Pg. de Gràcia 35

58. TORRE GLÒRIES

Der Torre Glòries, zuvor als Torre Agbar bekannt, hat trotz seiner Namensänderung keineswegs an Imposanz verloren. Mit seinen 142 Metern Höhe, seiner runden Form und seiner gläsernen Fassade sticht der Turm wahrlich heraus. Die Aussicht aus luftiger Höhe kann man von der Plattform aus bewundern. Wenn du zusätzlich kühle Drinks und gute Musik genießen willst, gehe ins Hoxton nebenan. Auch um die Ecke befindet sich der Einkaufskomplex Westfield Glòries. Hier sind mehrere Restaurants und Supermärkte sowie die typischen Läden wie Mango, Zara, Oysho und Massimo Dutti beheimatet.

Av. Diagonal 211 | www.miradortorreglories.com | @miradortorreglories

PARKS

59. PARC DE JOAN MIRÓ

Der Parc de Joan Miró umfasst vier Blocks im Eixample. Im Gegensatz zum Jardí del Palau Robert besteht er größtenteils aus Sandflächen mit Palmen, die dir Schatten spenden, während du auf einer der Parkbänke das Treiben beobachtest. Seinen Namen hat der Park durch sein markantes Highlight erlangt. Im Zentrum eines Wasserbeckens ist eine abstrakte Skulptur des Künstlers Joan Miró installiert. Diese hört auf den Namen Dona i Ocell, was übersetzt „Frau und Vogel" bedeutet.

C/ d'Aragó 2

60. JARDÍ DEL PALAU ROBERT

Du brauchst eine kleine Verschnaufpause vom Großstadtdschungel? Dann ruhe dich auf einer der Bänke im Jardí del Palau Robert aus, der zwischen der Avinguda Diagonal und der Passeig de Gràcia liegt. Der kleine Park ist so etwas wie die grüne Lunge des Eixamples. Hier kannst du mit einem Buch und/oder einem Kaffee entspannen und die Seele baumeln lassen. In dem Gebäude im Park finden zudem regelmäßig Ausstellungen statt.

Pg. de Gràcia 107 | palaurobert.gencat.cat/ca/inici

EIXAMPLE

Parc de Joan Miró

ESSEN & TRINKEN

61. CAFÉS UND BRUNCH IM EIXAMPLE

Brunch im Eixample

THE COFFEE HOUSE BARCELONA

Für Kaffeeliebhaber:innen führt bei einem Trip durchs Eixample kein Weg am Coffee House Barcelona vorbei. Dafür spricht allein schon die unschlagbare TripAdvisor-Bewertung. Dort rankt das kleine, aber feine Café auf Rang 1 von 427 Einträgen in der Kategorie Kaffee & Tee. Vor Ort bekommst du viel Frühstück für wenig Geld. Von Sandwiches und Croissants über Bowls bis hin zu Rührei findest du hier alles auf der Karte. Hier kannst du für wenig Geld so richtig zuschlagen.

C/ de Valéncia 143 und C/ de Aragón 156 | www.thecoffeehousebcn.com | @thecoffeehousebcn

UGOT BRUNCHERIE

Die Ugot Bruncherie ist ein weiterer richtig leckerer Frühstücksspot. Da viele Einheimische eine ähnliche Meinung haben, empfehle ich dir, vorab zu reservieren. Einmal Platz genommen, hast du im Ugot eine große Auswahl an hausgemachten Leckereien wie täglich frischem Brioche und tollen Drinks, viele davon mit einem orientalischen Touch, unter anderem einem Kaffee mit Halvacreme oder Tees und Milch mit Gewürzen.

C/ de Viladomat 138 | www.ugotbruncherie.com | @ugotbcn

Mein Tipp: der Cheesecake und der French Toast.

CAMELIA ART CAFÉ

Schaue während deiner Erkundungstour durch das Eixample unbedingt im Camelia Art Café vorbei. Hier fühlt es sich fast so an, als würdest du in das Wohnzimmer deiner Oma eintreten – irgendwie heimisch. Besonders die interessanten Geschmacksrichtungen für Matchas und Lattes haben mich neugierig gemacht. Auf der Karte findest du alles, von Lavendel über Rose bis hin zu Ingwer-Kurkuma. Passend dazu bekommst du auch fantastische Kuchen. Viele Speisen im Camelia Art Café sind zudem vegan und glutenfrei. Obendrein ist die Location auch noch tierfreundlich. So kann es schon einmal passieren, dass du bei deinem Besuch von süßen Vierbeinern umgeben bist.

VEGAN VEGAN VEGAN VEGAN

C/ de Padilla 264 (nahe Sagrada Familia) und C/ de la Diputació 278 (nahe Casa Batlló) | cameliartcafe.com | @cameliaartcafe

62. EUROPA CAFÉ

Das Europa Café ist Restaurant und Bagel Shop. Hier kannst du zum Frühstück, zum Brunch, zum Lunch oder zum Dinner vorbeischauen. Neben den leckeren Gerichten auf der Karte gefällt mir insbesondere das Interior der Location mit einer begrünten Wand, andalusischen Fliesen und einer warmen, einladenden Atmosphäre richtig gut. Doch am Ende des Tages muss das Essen stimmen. Und das ist im Europa Café definitiv der Fall.

Av. Diagonal 469 | europacaferestaurant.com | @europacafebcn

63. BAR ALEGRIA

In der innen eher schlichten, klassischen Tapasbar Bar Alegria kannst du dich auf frisch zubereitete Gerichte, leckeren Wein und eine tolle Atmosphäre freuen. Damit du in den Genuss der traditionellen katalanischen Tapas kommst, solltest du jedoch unbedingt im Voraus reservieren, da es hier gerne mal zu längeren Wartezeiten kommen kann. Egal ob du zum Essen oder nur auf einen Drink vorbeischauen willst, ein Besuch lohnt sich in beiden Fällen.

C/ del Comte Borrell 133 | www.baralegriarestaurante.com | @baralegriabarcelona

La Papa Aribau

64. LA PAPA ARIBAU

Das La Papa Restaurant gibt es in Barcelona an zwei Standorten. Beide kommen ästhetisch, minimalistisch daher und überzeugen mit sehr leckerem, teilweise veganem Essen. Im Standort Aribau dominieren Möbel in organischen Formen und hellen Farben. Hier komme ich gerne zum Brunch her. Besonders schmeckt mir das Croissant mit veganem Mozzarella und das Brot mit Champignons. Der Standort in der Straße Pau Claris in der Nähe der Casa Milà hingegen strahlt mit einer Ziegelwand und einer geziegelten Bar eine modern interpretierte Rustikalität und einen etwas gehobeneren Stil aus.

C/ d'Aribau 92 | lapapa.es | @lapapabarcelona

EIXAMPLE

65. EL NACIONAL

Wo früher ein Theater und eine Auto-
werkstatt beheimatet waren, befindet
sich heute das El Nacional. Das Gebäude ist kolossal und wirkt wie eine
Markthalle. Im Inneren befinden sich,
neben ausschweifender Begrünung,
die ein leichtes Jungle-Feeling auf-
kommen lässt, vier Restaurants und
vier Bars. Geschmacklich dürfte hier
also jeder auf seine Kosten kommen.
Wenn du einmal dort bist, gehe auf
jeden Fall bis hinten durch ins „Bade-
zimmer", wo sich die Spiegel für ein
Shooting anbieten. Du wirst nicht ent-
täuscht sein.

Pg. de Gràcia 24 | www.elnacionalbcn.com

BUCKET LIST

El Nacional

Kreativität und Expertise machen die Qualität der Leckereien im El Nacional aus.
Schlemme und trinke dich durch eine Speisekarte und gib ein Rating ab.

FOOD & DRINKS

Name of dish OR Drink	Rating
	☆ ☆ ☆ ☆ ☆
	☆ ☆ ☆ ☆ ☆
	☆ ☆ ☆ ☆ ☆
	☆ ☆ ☆ ☆ ☆
	☆ ☆ ☆ ☆ ☆
	☆ ☆ ☆ ☆ ☆
	☆ ☆ ☆ ☆ ☆
	☆ ☆ ☆ ☆ ☆

EIXAMPLE

Im Sommer finden jeden Donnerstag bis Sonntag in der Sky Bar im Hotel Iberostar DJ-Sessions statt.

66. DIE BESTEN ROOFTOP-BARS IN BARCELONA

ROOFTOP LA DOLCE VITAE IM HOTEL MAJESTIC

Wenn du im Eixample auf der Suche nach einer stylishen und exklusiven Location bist, führt kein Weg am Majestic Hotel & Spa Barcelona vorbei. Auf dessen Dach befindet sich die La Dolce Vitae Rooftopbar, deren Aussicht dir den Boden unter den Füßen wegzieht wie ein zu starker Drink. Wenn ich mich für eine Rooftopbar in Barcelona entscheiden müsste, würde meine Wahl definitiv auf die La Dolce Vitae fallen. Sie ist mein absoluter Favorit! **Meiner Meinung nach hat man hier oben den allerbesten 360°-View im ganzen Viertel.** Als ich das erste Mal die Bar betreten habe, war ich sprachlos. Auch das Personal ist sehr freundlich, aufmerksam und hilfsbereit! Allerdings hat das alles auch seinen Preis, der meiner Meinung nach aber angebracht ist.

Pg. de Gràcia 68-70, Eixample | majestichotelgroup.com | @majestichotel

SKY BAR IM HOTEL IBEROSTAR

An der Plaça Catalunya befindet sich die Sky Bar des Hotels Iberostar Selection Paseo de Gràcia. Diese erstreckt sich über das gesamte oberste Stockwerk und bietet einen unvergesslichen 360°-Blick sowie hervorragende Cocktails. Highlight der Bar ist der Pool, rund um den Lounge-Ecken und klassische Sitzmöglichkeiten auf mehreren Ebenen positioniert sind. Jeden Donnerstag bis Sonntag ist Live-Musik angesagt.

Pl. de Catalunya 10, Eixample | www.iberostar.com | @iberostarpaseodegracia

THE ROOFTOP AT SIR VICTOR

Die Rooftopbar im Sir Victor Hotel bietet zwar nicht so einen bombastischen Ausblick wie manch andere Locations, doch das macht sie nicht weniger attraktiv. Wenn ich an das Sir Victor denke, habe ich die Atmosphäre und Energie dieses Orts vor Augen. **Das Hotel verfügt außerdem neben seiner Rooftopbar über eine Party Bar und ein Spa.** Kleiner Tipp: Der Espresso Martini ist wirklich sehr lecker – und auch das Essen ist gut. Jedoch solltest du vorab reservieren, um auf Nummer sicher zu gehen.

C/ del Rosselló 265, Eixample |
www.sirhotels.com/en/victor/rooftop

ROOFTOP GARDEN IM EL PALACE BARCELONA

Das El Palace Hotel ist seit jeher eine der luxuriösesten Adressen der Stadt. Genau hier befindet sich der Rooftop Garden. Dieser erstreckt sich über zwei Etagen und zieht dich mit seinem 1920er-Jahre-Flair in seinen Bann. Auf der obersten und sehr kleinen Terrasse werden im Sommer „Movie Nights" angeboten. Von Donnerstag bis Sonntag laufen nach Sonnenuntergang verschiedene Filme – allerdings nicht ganz kostengünstig. Auf der weitaus größeren Terrasse darunter könnt ihr es euch gemütlich machen. Manchmal spielen abends Live Bands und an Wochenenden bietet das Yoga Studio Frizzant regelmäßig Yogastunden an. Das El Palace ist definitiv eine der kostspieligeren Rooftopbars, aber – psst – man kann auch einfach kurz hoch, die Aussicht genießen und weiterziehen.

Gran Via de les Corts Catalanes 668, Eixample |
www.hotelpalacebarcelona.com |
@hotelpalacebarcelona

Die Rooftopbar Sir Victor empfehle ich dir, wenn du gemütlich etwas trinken gehen willst.

ROOFTOP VIEW
ROOFTOP VIEW

EIXAMPLE

ROOFTOP VIEW · ROOFTOP VIEW · ROOFTOP

Terraza de Vivi

The Roof

TERRAZA DE VIVI IM KIMPTON VIVIDORA

Auf der Terraza de Vivi auf dem Dach des Boutique-Hotels Kimpton Vividora fühle ich mich unglaublich wohl. **Das zeitgemäße Ambiente mit reichlich Holz wirkt direkt entspannend. Hinzu kommt der wunderschöne Blick auf die Catedral de Barcelona.** Das Personal ist aufmerksam und freundlich und die Drinks sind genauso wie das Essen sehr lecker! Obwohl es mitten in der Stadt liegt, bekommt man hier vom Trubel kaum etwas mit. Für 30 Euro bietet das Hotel auch ein Rooftop-Pool-Day-Ticket an, Begrüßungsdrink inklusive. Das nenne ich Entspannung pur!

C/ del Duc 15, Altstadt | kimptonvividorahotel.com | @kimptonvividora

THE ROOF IM THE BARCELONA EDITION

Im The Roof spielt wortwörtlich die Musik. Keine andere Bar in der Stadt erfreut sich aktuell so großer Beliebtheit. Und das aus gutem Grund, denn The Roof bringt alles mit, was eine gute Rooftopbar ausmacht: Ein gediegenes Ambiente zum Abschalten, eine große Auswahl an hervorragenden Drinks und leckerem Essen sowie die wichtigste aller Zutaten einer erfolgreichen Rooftopbar – eine atemberaubende Aussicht. Die Bar ist zentral gelegen und verfügt über zwei Terrassen. Die eine Seite ist mit Stühlen und Bänken ausgestattet. Hier kann man tagsüber auch gut arbeiten. Auf der anderen Seite gibt es unter anderem Betten. Der perfekte Ort für ein Date oder um am Abend den Sternenhimmel zu betrachten. The Roof ist das ganze Jahr über geöffnet. Im Winter schließen sie zum Teil die Terrasse mit Glastüren, damit es nicht zu kalt ist.

Avinguda de Francesc Cambó 14, El Born | www.editionhotels.com/barcelona/ restaurants-and-bar | @editionbarcelona

BUCKET LIST
Rooftopbars

Mein Favorit ist die Rooftopbar La Dolce Vitae im Hotel Majestic.
Wie fällt dein Urteil aus?

MEINE PERSÖNLICHEN FAVORITEN

NAME OF BAR/CLUB	RATING
	☆ ☆ ☆ ☆ ☆
	☆ ☆ ☆ ☆ ☆
	☆ ☆ ☆ ☆ ☆
	☆ ☆ ☆ ☆ ☆
	☆ ☆ ☆ ☆ ☆
	☆ ☆ ☆ ☆ ☆
	☆ ☆ ☆ ☆ ☆
	☆ ☆ ☆ ☆ ☆

SHOPPING

67. PASSEIG DE GRÀCIA

Wie zu Beginn des Kapitels bereits erwähnt, verbindet der Passeig de Gràcia die Plaça Catalunya mit dem Viertel Gràcia und ist seit dem 19. Jahrhundert der Prachtboulevard der Stadt. Heutzutage fallen dir beim Flanieren noch immer die berühmten, eleganten Bänke und Straßenlaternen ins Auge. Entlang der Allee befinden sich zahlreiche Werke Gaudís sowie weitere berühmte Sehenswürdigkeiten der Stadt. Zudem haben sich die luxuriösesten und exklusivsten Marken der Welt angesiedelt, darunter Chanel, Cartier und Louis Vuitton. Für den kleineren Geldbeutel locken am Passeig de Gràcia jedoch auch Marken wie Zara und Co. mit ihren Angeboten.

Pg. de Gràcia

BUCKET LIST
Passeig de Gràcia

Bist du unserem Rat gefolgt und warst shoppen auf dem Passeig de Gràcia?
Klebe zum Beweis etwas ein:
das schönste Label, den tollsten Flyer, die coolste Business-Card –
klar, ein Foto tuts auch :)

Vom Dach des Einkaufs-
zentrums hat man einen
tollen Blick über die Stadt.

ROOFTOP VIEW ROOFTOP VIEW

Arenas de Barcelona

69. ARENAS DE BARCELONA

Las Arenas de Barcelona wurde Anfang des 20. Jahrhunderts als Stierkampfarena erbaut. Der letzte Kampf
fand 1977 statt. 2012 folgte ein allge-
meines Verbot von Stierkämpfen in
ganz Katalonien. Daraufhin funktio-
nierten Investoren Las Arenas zu einem großen Einkaufszentrum um.
Heute finden hier nur noch Preis-
schlachten statt. Auf sechs Etagen
locken dich über 100 Geschäfte mit
ihren Angeboten. Ein großes Kino sowie ein Fitnessstudio sind ebenfalls
Teil von Las Arenas. Am besten du
nimmst dir mindestens einen halben
Tag Zeit, um auf Schnäppchenjagd zu
gehen. Fündig wirst du bestimmt.

Gran Via de les Corts Catalanes 373-385 |
www.arenasdebarcelona.com/CA | @arenasdebcn

68. AVINGUDA DIAGONAL

Die ebenfalls bereits erwähnte Avinguda Diagonal ist, neben der Gran Via
de les Corts Catalanes, Barcelonas
größte Allee. Viele der weltweit bekanntesten Unternehmen haben Nie-
derlassungen und Filialen entlang
der Diagonal. Vor Ort findest du Marken wie Zara und Zara Home, Oysho,
PDPaola, Boss, Mango, Rituals – aber
auch ganz viele Interior- und Home-
Dekor-Geschäfte. Die meisten dieser
Geschäfte liegen in dem Abschnitt
zwischen dem Plaça de Francesc Ma-
cià und der Via Augusta.

Av. Diagonal

BARCELONA
Gràcia

In Gràcia kannst du noch heute die Vergangenheit des Stadtteils spüren, indem du hier vor allem kleine Gebäude, Krämerläden sowie gemütliche Cafés und Plätze wiederfindest. Sie erinnern an den dörflichen Charakter, bevor das Viertel offiziell in die Stadt integriert wurde. Richtig toll ist, dass in Gràcia viel Wert auf ein gemeinschaftliches Miteinander gelegt wird, weswegen es nichts Erstaunliches ist, wenn du neben so mancher Kasse in den Läden auch die ein oder andere Spendenbox für einen guten Zweck entdeckst.

ERLEBNIS HIGHLIGHTS GRÀCIA

> **ALTERNATIVE KULTURBEWEGUNGEN**

> **GAUDÍS MEISTERWERKE ERKUNDEN**

> **CHILLEN AUF DEM SONNENPLATZ**

> **VINTAGE-JAGD AUF DER**
  CARRER GRAN DE GRÀCIA

> ....

> ....

> ....

Kultur, Action und bezaubernde Aussichtspunkte!

Gràcia

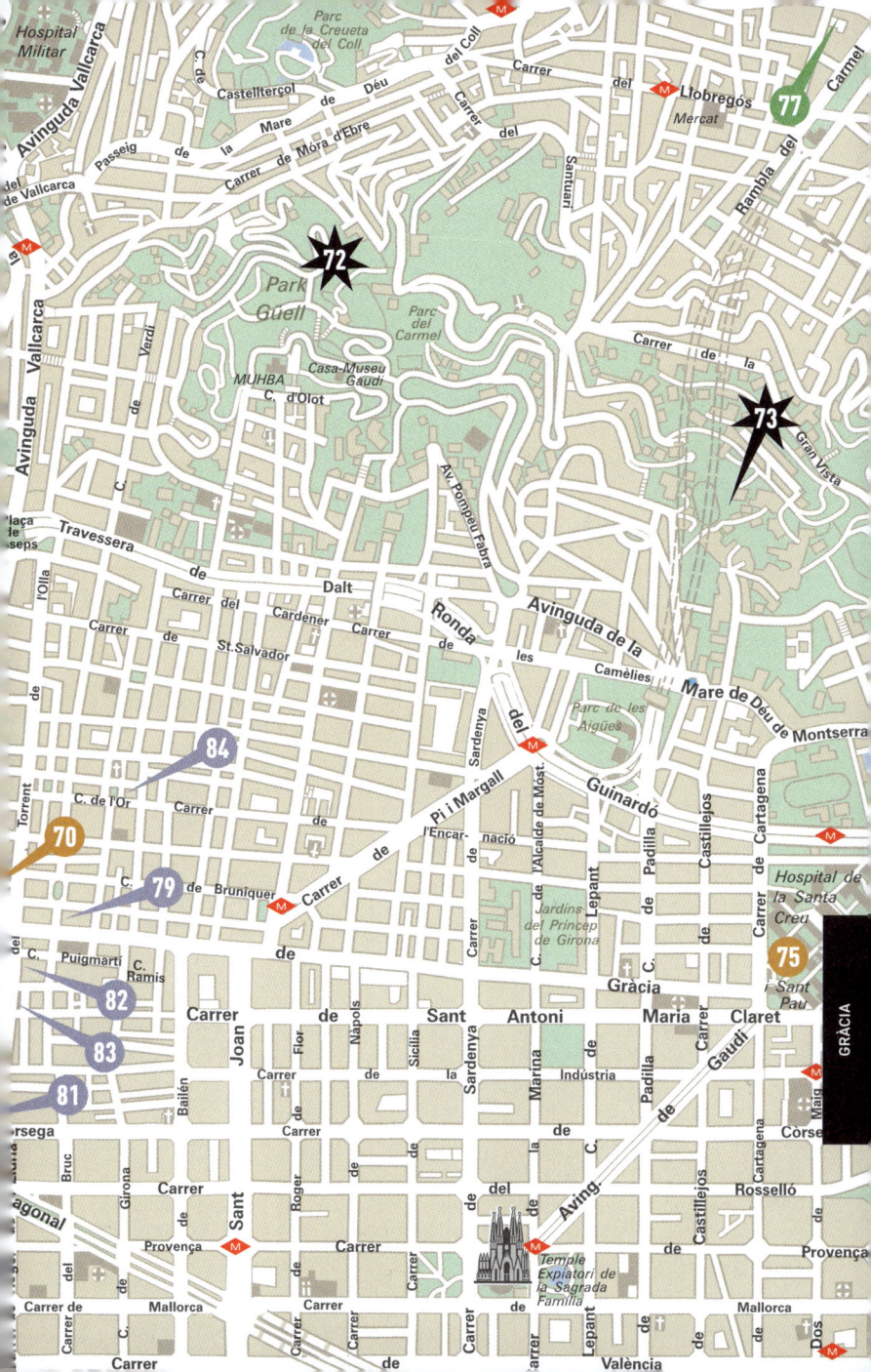

SEHENSWERTES

70. PLAÇA DEL SOL

Auf der Plaça del Sol scheint die Sonne mit der guten Laune der Leute um die Wette. Die sonnige Lage macht die vielen Bars und Restaurants vor Ort zu einer beliebten Destination sowohl für Einheimische als auch Tourist:innen. Charakteristisch für den Platz sind an warmen Sommerabenden die vielen Menschen, die direkt auf dem Boden sitzen, während sie sich mit einem Drink in der Hand unterhalten. Oft kommen Musiker:innen mit einer Gitarre vorbei und singen für die Besucher:innen. Die Stimmung auf dem Sonnenplatz ist lebendig und steckt an! Ähnliches Flair hat die Plaça de la Vila de Gràcia, die drei Querstraßen nach Süden liegt.

Pl. del Sol & de la Vila de Gràcia

71. CASA VICENS

Etwas versteckt in einer Seitenstraße des Viertels entdeckst du die beeindruckende Casa Vicens, die zu Antoni Gaudís ersten Arbeiten zählt. Seit 2017 ist das von der UNESCO geschützte Meisterwerk als Museum Besucher:innen zugänglich. Manuel Vicens i Montaner beauftragte 1877 den damals noch jungen Architekten und ermöglichte Gaudí damit, seinen ersten großen Entwurf in die Tat umzusetzen. Inspiriert vom Mudéjarstil präsentiert sich Gaudís erstes Gebäude vorrangig durch kraftvolle Farbspiele. So kannst du diverse florale Elemente sowie viele bunte Keramikfliesen und Sgraffitotechniken entdecken. Zwar kannst du Gaudís Werke in ganz Barcelona wiederfinden, jedoch bekommst du in der Casa Vicens die einmalige Möglichkeit, die Entwicklung des Architekten sowie erste Anzeichen seiner späteren Handschrift zu bestaunen. Tickets gibt es ab 18 Euro.

C/ de les Carolines 20–26 | casavicens.org | @casavicens

Posiere entweder vor der farbenfrohen Außenseite des Hauses oder im ebenso bunten Inneren und fang dabei einen ganz besonderen Moment mit deiner Kamera ein.

FOTO TIPP FOTO TIPP FOTO TIPP FOTO TIPP

GRÀCIA

72. PARK GÜELL

Der Grundstein des heute beliebten Parks wurde bereits im Jahr 1900 gelegt, als Eusebi Güell ein Bauprojekt auf dem Grundstück veranlasste. Für die Planung des ursprünglichen Projekts, einem Wohnviertel eingebettet ins Grüne, beauftragte er Antoni Gaudí. Letztendlich kam es anders als geplant und es wurde zu einem Stadtpark. Nichtsdestotrotz kann man Gaudís Vorstellung und Arbeiten erkennen. Orientiert an dem unebenen Gelände, ermöglichte Gaudí eine außergewöhnliche Symbiose von Architektur und Umwelt. Dabei bevorzugte er Materialien, die auf dem Terrain selbst vorzufinden waren. So bezog er Scherbenabfälle von einer Keramikfabrik aus der Umgebung und fertigte damit die Mosaike in Handarbeit an. Aber auch die märchenhaften Häuser, der Salamander und die Sala Hipostila verleihen der Parkanlage einen verträumten Charakter, der schon Salvador Dalí in den Bann zog. Mittlerweile ist der Park als Weltkulturerbe bekannt und du musst Eintritt bezahlen. Hierfür lohnt es sich, online Tickets im Voraus zu kaufen, um auch sicher reinzukommen.

C/ d'Olot 7 | parkguell.barcelona | @parkguell

Um die besten Bilder machen zu können, ist es besser, gleich zur Parköffnung da zu sein. So vermeidest du Menschenmassen und kannst den perfekten Platz für dein Shooting finden.

FOTO TIPP FOTO TIPP FOTO TIPP FOTO

SKYLINE-VIEW SKYLINE-VIEW

TIPP

Schau auch in der Casa Museu Gaudí im Park vorbei. Gegen Eintritt kannst du das einstige Wohnhaus des Architekten, von ihm entworfene Möbel und persönliche Gegenstände bewundern.

BUCKET LIST

Schöner Ort mit malerischem Charakter.
Lass deinen Gedanken freien Lauf. Dichte etwas, zeichne die Mosaikscheiben
oder male die Wolken ab.

Von hier hast du eine phänomenale Aussicht auf die Stadt. Der perfekte Ort, um sich bei Sonnenuntergang ablichten zu lassen.

FOTO TIPP FOTO TIPP FOTO TIPP FOTO TIPP

SKYLINE-VIEW SKYLINE-VIEW SKYLINE-VIEW

73. BUNKERS DEL CARMEL & TURÓ DE LA ROVIRA

Die Bunkers del Carmel, nicht allzu weit vom Park Güell, waren einst Teil eines Systems an Verteidigungsanlagen, das 1937 gebaut wurde, um Barcelona während des Bürgerkrieges zu schützen. Heutzutage eignet sich die Location hervorragend dazu, den Sonnenuntergang über der Stadt zu genießen. Die einstige Militäranlage auf dem Gipfel des Turó de la Rovira liegt auf 262 Metern und bietet mit ihrem Aussichtspunkt einen beeindruckenden Rundumblick auf Barcelona. Wer sich für die Geschichte der Anlage interessiert und mehr erfahren will, kann sich die vor Ort aufgestellten Schautafeln des MUHBAs näher anschauen. Der Eintritt zu der Bunkeranlage ist kostenlos. Da es hier oben windig sein kann, solltest du auf warme Kleidung achten und dir am besten eine Sitzunterlage sowie etwas zum Trinken mitnehmen.

C/ de Marià Labèrnia

BUCKET LIST

Bunkers del Carmel & Turó de la Rovira

Hier ist Platz für ein Foto.

Schönste Aussicht auf die Stadt

74. CASA PÀDUA

In unmittelbarer Nähe der Casa Vicens ist die Carrer de Pàdua, in der du die auf Instagram viel fotografierte Casa Pàdua findest. Die einzigartige rotgrüne Fassade des Gebäudes ist ein absoluter Hingucker. Die auf der Außenseite dargestellten Blumen und Weinreben verleihen dem Bauwerk einen besonderen Charme, sodass du dich gleich wie in Italien fühlst. Die eigentliche Geschichte des Hauses liegt zum Großteil im Dunkeln. Das einzige bekannte Detail ist, dass es bis in die 1970er Jahre eine Parfümfabrik war und später von Alonso Balaguer wieder zur vollen Schönheit restauriert wurde. Da es selbst für die Einheimischen ein kleines Geheimnis ist, wird hier nicht allzu viel los sein.

C/ de Pàdua 75

Die Casa Pàdua eignet sich perfekt als schönes Fotomotiv. Du kannst das Haus vollflächig einfangen, oder dich vor der Tür des Gebäudes selbst in Pose werfen. In beiden Fällen ist ein tolles Bild für deinen Instagram-Feed das Ergebnis!

FOTO TIPP FOTO TIPP FOTO TIPP FOTO

75. HOSPITAL DE LA SANTA CREU I SANT PAU

Früher ein Krankenhaus, heute eines der bedeutsamsten Aushängeschilder des katalanischen Modernisme und Teil der Weltkulturerbestätten. Das Hospital de la Santa Creu i Sant Pau wirkt mit seinem großen Hauptgebäude und vielen Pavillons sowie den diversen Pflanzen und bunten Farben fast schon wie ein Stück Himmel auf Erden. Diese Wirkung ist auch beabsichtigt! Dahinter steckt der Architekt Lluís Domènech i Montaner, der die Anlage 1902 entwarf und in die Tat umsetzen ließ. Er war der Überzeugung, dass Menschen in einer luftigen, freundlichen Umgebung besser genesen könnten. Auch heute noch erinnert

> **TIPP**
>
> Das ehemalige Krankenhaus bietet an jeder Ecke ein neues, wunderschönes Fotomotiv: fantasievolle Mosaiken, bunte Keramikdächer, schön gestaltete Innenräume – super für deinen Insta-Feed!

das Krankenhaus mit den bunten Kacheln, vielen Blumen und dem parkähnlichen Umfeld an den Erholungsort von damals. Der Eintritt liegt bei 16 Euro.

C/ de Sant Antoni Maria Claret 167

76. TIBIDABO & VERGNÜGUNGSPARK

Vintage-Flair und viel Spaß verspricht ein Aufenthalt auf dem Tibidabo. Auf der höchsten Erhebung der Stadt befinden sich der namensgleiche, kleine Vergnügungspark sowie eine Kirche. Von hier aus hast du einen wunderschönen Ausblick auf Barcelona. Im Vergnügungspark kannst du auf einem Kettenkarussell durch die Luft sausen, mit einem Riesenrad in regenbogenfarbenen Gondeln fahren oder mit einer Schwebebahn, die direkt über dem Abgrund ihre Runden dreht. Auch wenn du bereits mehrmals in Barcelona warst und gefühlt schon alles gesehen hast, empfehle ich dir, diese Location auf die Liste zu setzen. Einfach nur um den unverwechselbaren Charme des Ortes zu erleben. Da der Tibidabo am Rand der Stadt liegt und man mit den öffentlichen Verkehrsmitteln ein Stück unterwegs ist, würde ich ihn nicht als „Must-see" für einen ersten Aufenthalt empfehlen. Eine ratternde Fahrt mit der historischen Jugendstil-Straßenbahn Tramvia Blau, die einen zur Talstation der Standseilbahn bringt, ist sonst ein Erlebnis für sich. Da sie renoviert wird, fährt aktuell Bus 196.

Pl. del Tibidabo

PARKS

77. PARC DEL LABERINT D'HORTA

Wer auf der Suche nach einem Ort zum Abschalten ist, wird im Parc del Laberint d'Horta fündig. Er liegt zwar etwas außerhalb von Barcelona, ist aber mit der Metro super zu erreichen und einen Besuch wert. Am besten nimmst du alles für ein kleines Picknick mit und genießt die verzaubernde Atmosphäre im Grünen. Wie du dir aufgrund des Namens vielleicht schon denken kannst, gibt es mitten im Park ein Labyrinth! Neben dem bekannten Irrgarten, der im Sommer manchmal unter der Hitze zu leiden hat, erwarten dich viele wunderschöne Säulen und Figuren, die im Areal verteilt sind, sowie ein Wasserfall und Wege zum Flanieren. Wenn du also mal einen ruhigen Nachmittag in Barcelona planen möchtest, lohnt es sich den Park aufzusuchen. Der Eintritt kostet ca. 2 Euro.

Pg. dels Castanyers 1 | guia.barcelona.cat/detall/parc-del-laberint-d-horta_92086011952.html

> Perfekter Ort für ein Fotoshooting mit romantisch-magischen Vibes. Der Park mit Labyrinth, Skulpturen und Pavillons bietet diverse wunderschöne Fotokulissen!

FOTO TIPP FOTO TIPP FOTO TIPP

GRÀCIA

ESSEN & TRINKEN

78. LES FILLES CAFÈ

Das Les Filles Cafè eignet sich nicht nur perfekt zum Lunchen, sondern auch zum Arbeiten. Da ich ein großer Fan von healthy food bin und gesunde, ausgefallene Gerichte mag, bin ich gerne hier. Auch vegane Auswahl ist vorhanden. Mit schönen Akzenten aus Holz, den frischen Blumen auf den Tischen sowie der Außenterrasse fühlt man sich hier richtig wohl.

C/ de Minerva 2 | www.lesfillesbarcelona.com | @lesfillesbarcelona

79. ART AND WINE

Wein trinken und malen? Ist bei Art and Wine möglich! Das Konzept gibt es inzwischen mehrmals in Barcelona zu finden, wenn auch unter unterschiedlichen Namen. Die Motive wechseln, aber das Prinzip bleibt gleich. Du wirst von einem Künstler bzw. einer Künstlerin Schritt für Schritt angeleitet und kannst währenddessen Wein trinken – je nach Buchung gibt es zusätzlich Snacks. Dein Kunstwerk darfst du selbstverständlich am Ende mitnehmen.

C/ de la Mare de Déu dels Desemparats 14 | artwine.es | @artwine.es

Ein wirklich tolles Konzept, das ganz viel Spaß macht.

80. KIBUKA GOYA

Zu meinen liebsten Sushi-Restaurants zählen auf jeden Fall die Kibuka-Restaurants. Gleich in der Nähe des Plaça de la Vila de Gràcia gibt es das Kibuka Goya. Hier bekommst du mehr als das klassische Sushi! Ich bestelle meistens Ebi Tempura, Uramaki und Salmon Skin. Weitere coole Spots für Sushi sind Robata, Parco, Elj apo nés und Monster Sushi sowie für veganes Sushi Roots and Rolls und Veganashi.

C/ de Goya 9 | www.kibuka.com | @kibukagoya

Art and Wine

La Pepita

81. LA PEPITA UND LA MINI PEPITA

Im La Pepita und La Mini Pepita, das nur zwei Häuser weiter liegt, gibt es Tapas der etwas anderen Art. Neben beliebten Klassikern bekommst du hier auch ein paar Specials serviert. Alles, was meine Freundinnen und ich hier probiert haben, war unglaublich lecker! Reservierungen sind zwar möglich, aber nicht so effektiv wie zu warten oder gleich ab 19:30 Uhr, wenn die Küche öffnet, aufzuschlagen.

C/ de Còrsega 339 | www.lapepitabcn.com | @lapepitabarcelona

82. ARECA

Neben Kaffee gehören auch Desserts zu den kleinen Sünden des Lebens, denen ich mich gerne ab und zu hingebe. **Meine Top-Location für die besten Donuts in Barcelona ist das Areca.** Ich habe mich inzwischen schon durch alle möglichen durchprobiert und bin von jedem einzelnen Donut begeistert! Eine weitere süße Sünde sind die Zimtschnecken vor Ort und das Beste daran ist, alles ist vegan. Ein toller Pluspunkt des Arecas ist das Streben nach Nachhaltigkeit und die Verarbeitung von weniger Zucker. Alternativen für Donuts im Viertel sind das Lukumás und Bungnuts. Letzteres ist ebenfalls vegan.

C/ del Torrent de l'Olla 90 | arecabakery.com | @arecabakery

GRÀCIA

VEGAN VEGAN VEGAN VEGAN VEGAN

83. GALLO SANTO

Das Gallo Santo kann ich wirklich empfehlen! Bei meinem Besuch zusammen mit meiner mexikanischen Freundin haben wir hier einmal die halbe Speisekarte rauf und runter bestellt. Einfach alles war superlecker und vegan! **Probiere unbedingt das Agua de Jamaica, ein Hibiskuswasser.** Ansonsten gibt es auch tolle Cocktails im Angebot.

C/ del Torrent de l'Olla 64 |
www.gallosantobarcelona.es |
@gallosantobarcelona

84. AMMA GELATO

Das AMMA Gelato ist eine **vegane Eisdiele** mit regelmäßig wechselndem Angebot. Solltest du vor Ort sein und Pistazie im Angebot finden, lass dir zumindest einen Probierlöffel davon geben – unglaublich gut! Nur wenige Meter vom AMMA Gelato entfernt, findest du die Eisdiele Anita. Sie bietet auch richtig leckeres Eis mit einer kleinen Auswahl an veganen Sorten.

Pl. de la Virreina 3 | www.ammagelato.com |
@ammagelato

Hier gibt es Gelato direkt am Plaça de la Virreina, einem der schönsten Plätze des Viertels.

Gallo Santo

SHOPPING

85. CARRER GRAN DE GRÀCIA & TRAVESSERA DE GRÀCIA

Wenn du gerne auf der Jagd nach Vintage- oder exklusiven Einzelstücken und Accessoires bist, ist Gràcia die richtige Shoppinggegend für dich. Starte am besten an der Carrer Gran de Gràcia – sie gehört zu den größeren Flaniermeilen in Barcelona und ist **die Adresse zum Einkaufen.** Hier findest du viele erstklassige Läden, aber auch die Gebäude selbst sind einen Besuch auf der Einkaufsstraße wert. Schöne Architektur und spannende Geschäfte findest du auch in einer Querstraße des Boulevards, der Traveresse de Gràcia. So kannst du zum Beispiel in der Travessera de Gràcia Nummer 9 den Hauptsitz des Fashion- und Parfümunternehmens Puig entdecken. Solltest du deine Shoppingtour fortsetzen wollen, bietet es sich an, die Carrer de Bonavista und Carrer de Verdi aufzusuchen. Die typischen Shoppingketten findest du hier im Viertel weniger, kleine Läden dominieren.

C/ Gran de Gràcia; Travessera de Gràcia

GRÀCIA

BARCELONA

Montjuïc & Westen

Direkt in der Nähe des Hafens bietet der Berg Montjuïc seinen Besucher:innen eine wundervolle Aussicht auf die Stadt. Ist dir der 173 m hohe Hausberg zu hoch zu laufen? Dann steig einfach in eine Gondel. Es lohnt sich jedoch den Weg bergab zu laufen, denn die Gärten, an denen du vorbeikommst, haben einiges zu bieten. Insbesondere am Mirador de l'Alcalde solltest du einen Halt machen!

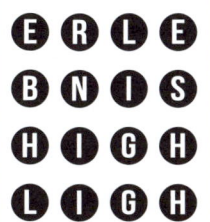

ERLEBNIS HIGHLIGHTS

MONTJUÏC & WESTEN

> STADTBERG MONTJUÏC ERKLIMMEN

> POBLE ESPANYOL BESUCHEN

> GROSSE KUNST IM MNAC

> MONTJUÏCS GARTENVIELFALT ERKUNDEN

> ....

> ....

> ....

> ....

Sport und Kultur rund um den Montjuïc – Barcelonas Westen

Montjuïc & Westen

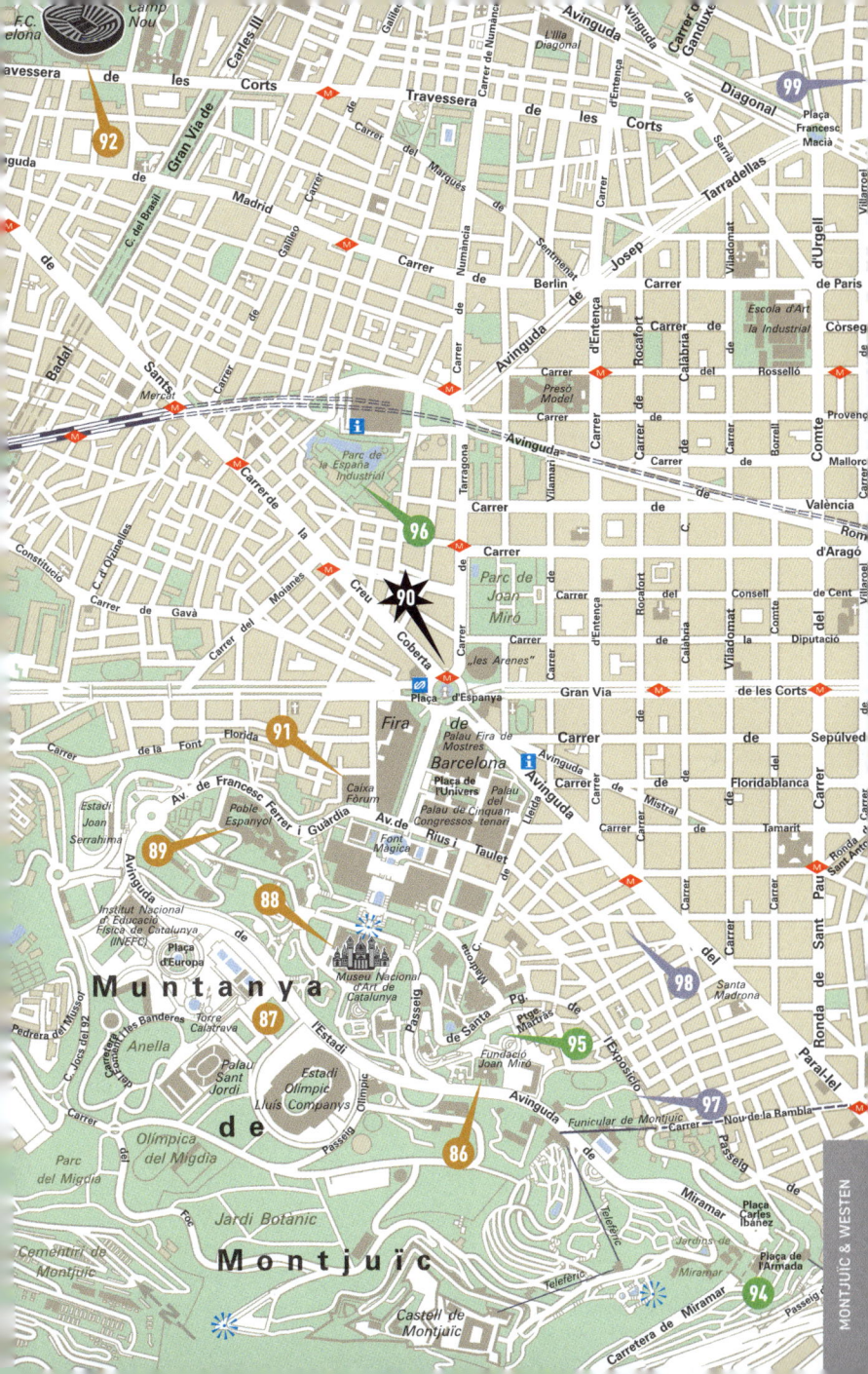

Olympischer Ring

SEHENSWERTES

86. FUNDACIÓ JOAN MIRÓ

Als bekanntester Künstler Barcelonas des 20. Jh. vermachte er 1975 der Stadt seine nach ihm benannte Kunststiftung. Die Rede ist von Joan Miró und seiner Fundació Joan Miró, die von seinem Freund, dem Architekten Josep Lluís Sert, entworfen wurde. Die Ausstellung auf dem Montjuïc umfasst Skizzen und Grafiken, Skulpturen und Wandteppiche sowie Gemälde aus seiner gesamten Schaffenszeit.

Die Anlage selbst ist ebenfalls ein Kunstwerk. Lichtdurchtränkte Räume sowie der Außenbereich mit mehreren Terrassen lassen eine Symbiose aus Bauwerk und der umliegenden Natur entstehen. Der Eintritt liegt bei 13 Euro oder ist im Articket enthalten.

Parc de Montjuïc | www.fmirobcn.org

Ein Büchershop und eine Cafeteria sind auf der Anlage ebenfalls vorzufinden.

87. OLYMPISCHER RING

Der Olympische Ring umfasst ca. 400 Hektar des Park Montjuïc und fungierte 1992 als Austragungsort der Olympischen und Paraolympischen Spiele von Barcelona. Hier kannst du die wichtigsten Einrichtungen der Olympiade besuchen und die sportlichen Ereignisse im Geiste Revue passieren lassen. Auf dem Plaça d'Europa gibt es unter anderem mit dem Fernsehturm Calatrava einiges zu entdecken. **Letzterer wurde von dem Architekten und Ingenieur Santiago Calatrava errichtet und ist aus dem Stadtbild Barcelonas nicht mehr wegzudenken.** In direkter Umgebung befindet sich auch das Olympiastadion, in dem 1992 die Eröffnungs- und Abschlussfeierlichkeiten stattfanden. Einige der Einrichtungen wurden im Anschluss so umgebaut, dass sie heutzutage der Öffentlichkeit als Sport- und Veranstaltungsstätten zur Verfügung stehen.

Plaça d'Europa

Das retro-futuristisch anmutende Gelände des Olympischen Rings gibt spannende Motive her!

FOTO TIPP FOTO TIPP FOTO TIPP FOTO

88. MUSEU NACIONAL D'ART DE CATALUNYA

Das Nationalmuseum katalanischer Kunst, abgekürzt MNAC, befindet sich im Palau Nacional am Montjuïc. Es wurde, ähnlich wie das Poble Espanyol, für die Weltausstellung 1929 erbaut, wo es den spanischen Pavillon beheimatete. Heute bietet es Besucher:innen eine große Menge an Kunstwerken aus verschiedensten Zeitaltern (Eintritt im Articket enthalten). Darunter auch farbenprächtige, romanische Fresken – die Sammlung gilt als einmalig in der Welt! Nicht nur das Museum, auch das Gelände selbst lohnt einen Besuch. Auf den Stufen vor dem Museum hat man eine tolle Aussicht und gelegentlich kann man Musiker:innen lauschen, die ein paar Lieder spielen. Einen weiteren schönen Aussichtspunkt findest du, wenn du mit dem Rücken zum Museum stehst und rechts entlanggehst!

Palau Nacional Parc de Montjuïc | www.museunacional.cat/ca | @museunacional

Etwas versteckt hinter dem Museum befinden sich die wunderschönen Jardins de Joan Maragall. Für einen Besuch in den Gärten auf die Öffnungszeiten achten!

89. POBLE ESPANYOL

Ganz Spanien an einem Tag erleben, ohne dabei Barcelona zu verlassen? Im Poble Espanyol, einem spanischen Dorf und Freiluftmuseum am Fuße des Montjuïcs, ist das möglich. Gebündelt an einem Ort erlebst du hier den Geist Spaniens, die landestypische Architektur, lokale Handwerkskunst und traditionelles Essen. Über 100 Gebäude wurden 1929 zur Weltausstellung errichtet, um den Besucher:innen einen Eindruck von der Vielfalt Spaniens zu vermitteln. Fast 100 Jahre später ist **das spanische Dorf immer noch eine Attraktion, da man hier super in die Atmosphäre des authentischen Lebensgefühls Spaniens eintauchen kann.**

Av. de Francesc Ferrer i Guàrdia 13 |
poble-espanyol.com | @pobleespanyol

Mit einer atemberaubenden Aussicht bekommst du auf dem Hügel Montjuïc die perfekte Möglichkeit, um einen Panoramashot der Stadt aufzunehmen.

FOTO TIPP FOTO TIPP FOTO TIPP FOTO TIPP

90. FONT MÀGICA & PLAÇA D'ESPANYA

Rund um den Plaça d'Espanya ist der Geist der Weltausstellung von 1929 immer noch zu spüren. Wenig verwunderlich, wurde der Platz doch für dieses Ereignis erbaut. Gleich am Platz liegt die frühere Stierkampfarena mit dem heutigen Einkaufszentrum Arenas de Barcelona, von dem es auch einen lohnenswerten Rooftop-View gibt. Auffallend sind die Venezianischen Türme. Sie wurden als Eingang zur Ausstellung angelegt und ragen 47 Meter in die Höhe. Auch nicht weit entfernt findest du das Museu National d'Art de Catalunya und den wunderschönen Font Màgica. Der große Springbrunnen liegt direkt unterhalb des Museumsgebäudes des Palau Nacional und ist eine der beliebtesten Attraktionen Barcelonas. Seine Besonderheit ist neben der spektakulären Aussicht von den Stufen des Nationalmuseums vor allem die abendliche, magische Brunnenshow mit Musik, Wasser, Licht und Farbe – ein Must-see und nach einem Besuch des Montjuïcs der perfekte Abschluss des Tages!

Pl. d'Espanya

BUCKET LIST

Font Màgica & Plaça d'Espanya

Hier ist Platz für ein Foto.

91. CAIXAFORUM

Wenn du Interesse an zeitgenössischer Kunst hast, solltest du unbedingt im CaixaForum vorbeischauen. Im Inneren erwarten dich die Ausstellungsräume, die in den vergangenen Jahren bereits Werke von Salvador Dalí, Joan Miró, Alphonse Mucha, Pablo Picasso, Pierre-Auguste Renoir oder auch dem Modeschöpfer Jean Paul Gaultier gezeigt haben. Ebenfalls werden verschiedene Events organisiert, wie zum Beispiel Konzerte, Konferenzen und Kinoveranstaltungen. Auch das Äußere der Kunstgalerie, die gleichzeitig ein Kulturzentrum ist, sticht ins Auge, da sie sich in der ehemaligen Textilfabrik Casaramona befindet, die von dem Architekten Josep Puig i Cadafalch entworfen wurde. Das Backsteingebäude ähnelt einer mittelalterlichen Burg, die heutzutage um eine Überdachung aus Glas und Stahl ergänzt wurde. Besuche zum Abschluss auf jeden Fall noch die Dachterrasse – ein idealer Ort, um die Seele baumeln zu lassen.

Av. de Francesc Ferrer i Guàrdia 6–8 | caixaforum.org/es/barcelona | @caixaforum

> TIPP
>
> Das CaixaForum ist in ganz Europa für seine bedeutenden Sammlungen bekannt. Doch auch die Wechselausstellungen wissen die Besucher:innen zu begeistern.

Kloster Montserrat

92. SPOTIFY CAMP NOU

Fußballfans aufgepasst! Keine Karten ergattert? Dennoch lohnt es sich, an einer der angebotenen Führungen durch das Camp Nou Stadion teilzunehmen. Angefangen in dem Museum voller zahlreicher gewonnener Trophäen, gefolgt von einer Tour durch das Stadion, bekommst du die Möglichkeit, den FC Barcelona aus nächster Nähe kennenzulernen. Man kann auch ohne Führung eine Runde über das Gelände drehen und natürlich im Barca Store vorbeischauen. Das Stadion ist gut mit der Metro erreichbar. Tickets für die Camp Nou Experience gibt es auch online ab 28 Euro.

C/ d'Arístides Maillol 12

93. KLOSTER MONTSERRAT

Wenn du genug Zeit für deinen Barcelona-Trip eingeplant hast, überlege dir einen Tagesausflug zum Kloster Montserrat zu machen. Dieses liegt ca. eine Stunde außerhalb der Stadt in beeindruckender Landschaft zwischen steil aufragenden Felsen. Vor Ort kannst du entweder ungefähr 20 Minuten mit einer Zahnradbahn hinauffahren oder du entscheidest dich, wie viele der Pilger:innen, für die Wanderung zu Fuß. Oben angekommen, kannst du das Kloster, die Figur der Schutzpatronin Kataloniens Moreneta sowie ein paar kleine Marktstände besichtigen. Mein Highlight ist die Aussicht ins Tal! Denke an bequeme Kleidung, festes Schuhwerk, Getränke und Essen. Auf dem Wanderweg selbst gibt es keine Einkehrmöglichkeit, anders als oben beim Kloster, wo Restaurants und Souvenirshops warten.

Montserrat | www.montserratvisita.com

Egal wohin man blickt, gibt es coole Kakteen zu entdecken! Aber auch die Aussicht über Barcelona und das Meer sind hier einfach nur phänomenal.

SKYLINE-VIEW SKYLINE-VIEW

PARKS

94. JARDINS DE MOSSÈN COSTA I LLOBERA

Die Gärten Mossèn Costa i Llobera liegen im südöstlichen Teil des Montjuïcs und wurden neben zwei weiteren Parks in den 1970er Jahre angelegt. **Sobald du die Gärten betrittst, wird dir die spezielle Flora auffallen.** Unter freiem Himmel kannst du diverse Kakteen und Sukkulenten bestaunen, dir im Schutz der Pergola eine Auszeit gönnen oder Statuen, wie „Die Klöpplerin" von Josep Viladomat, besichtigen.

Am besten nimmst du dir dafür einen kleinen Snack und Getränke mit, da es in der Nähe nicht viele Einkaufsläden oder Restaurants gibt. Oberhalb des Parks befindet sich eine Straße mit Palmenallee, auf der nur wenige Autos fahren. Ich war zwar noch nie in Los Angeles, aber hier spüre ich sofort Californication!

Ctra. de Miramar 38/Pg. Santa Madrona 38

95. JARDINS DEL TEATRE GREC

Die Gärten des griechischen Theaters wurden im Zuge der Weltausstellung 1929 angelegt. Das Highlight der Anlage befindet sich in der Nähe des Parkeingangs: Die große, von Kletterpflanzen umrankte Pergola findet man häufig auf den Fotos der Besucher:innen. Neben der Pergola bietet die große Aussichtsplattform einen tollen Blick auf die Stadt, aber auch der alte Pavillon und die geometrischen Beete voller Kräuter und Orangenbäume sind wunderschön. Auf jeden Fall solltest du dir das in den Berg integrierte und für die Anlage namensgebende griechische Theater ansehen! Dabei handelt es sich um eine 1992 entworfene Nachahmung eines antiken Theaters, welches vom Design des Theaters von Epidaurus in Athen inspiriert ist.

Pg. Santa Madrona 38

Einfach ein traumhaft schöner Ort, um eine kleine Pause vom Trubel der Stadt zu machen und sich in der Gartenanlage mit griechischem Flair zu verlieren!

96. PARC DE L'ESPANYA INDUSTRIAL

1985 von Luis Peña Ganchegui und Francesc Rius gestaltet, ist der Parc de l'Espanya Industrial römischen Thermen nachempfunden. Highlights des Parks sind die um den See gereihten „Leuchttürme", der stählerne „Drache von St. Georg" sowie die vielen Skulpturen, die über die gesamte Parkanlage verteilt sind. Über den Park selbst herrscht in Barcelona eine geteilte Meinung. Die einen bemängeln seine kühle Anmutung, die anderen sehen ihn als eine gelungene Symbiose aus zeitgenössischer Architektur und Kunst. Am besten schaust du vorbei und bildest dir selbst deine eigene Meinung. Kamera nicht vergessen angesichts all der ungewöhnlichen Fotomotive!

C/ de Muntadas 1

Sattes Grün und ein kleiner See, auf dem Bootsfahrten angeboten werden, laden zu einem entspannten Nachmittag ein.

Xemei

ESSEN & TRINKEN

97. XEMEI

Ganz in der Nähe des Teatre Grec und am Fuße des Montjuïcs findest du das Restaurant Xemei. Gegründet wurde es von den venezianischen Zwillingen Stefano und Max Colombo, die es sich zur Aufgabe gemacht haben, die italienische Küche nach Barcelona zu bringen. Ihr Restaurant, dessen Name im Venezianischen ebenfalls „Zwillinge" bedeutet, besitzt einen ganz eigenen Charme mit großen Fenstern zur Straßenseite. In dcn warmen Monaten gibt es auch eine Terrasse. Solltest du Fisch und Pasta mögen, wird es dir hier richtig gut gefallen!

Pg. de l'Exposició 85 | www.xemei.es | @xemeibcn

98. MOLINET CAFÈ ANTIC

Das Molinet Cafè Antic ist ein süßes, kleines, uriges Café. Hier fühlst du dich sofort wohl! Es herrscht eine gemütliche Atmosphäre, die durch die vielen Holzelemente und den Vintage-Look unterstrichen wird. **Im Café kannst du supergut frühstücken oder brunchen und deinen Tag somit genussreich beginnen.** Auch für eine kleine Pause zur Mittagszeit ist das Molinet Cafè Antic perfekt geeignet. Mir schmeckt es hier richtig gut und der Kaffee ist ebenfalls lecker.

C/ d'Elkano 69 | www.molinetcafeantic.com | @molinetcafeantic

Auch Influencer:innen wie Caro Daur und Emitaz sind begeistert – vor allem vom leckeren Bananenbrot.

99. RAW STUDIO

Das Raw Studio gibt es noch nicht allzu lange und dennoch gehört es bereits zu den Cafés, die du unbedingt besucht haben solltest. Vielleicht bin ich in diesem Fall etwas parteiisch, da es meiner Freundin Brenda gehört, doch ich glaube das Angebot und der Erfolg sprechen für sich! Meiner Meinung nach schmeckt hier aber auch alles! **Die Speisekarte wird saisonal angepasst und bezieht viele Produkte aus der Umgebung.** Auch für Veganer:innen gibt es eine gute Auswahl. Wenn du vorbeigehst, richte Brenda gerne einen lieben Gruß von mir aus oder wer weiß … Vielleicht sehen wir uns auch persönlich und trinken einen Chai oder Kurkuma Latte zusammen! Reservierungen sind nur samstags möglich.

C/ de l'Avenir 66 | www.rawstudio.es | @rawstudio.bcn

SHOPPING

100. SHOPPINGCENTER GRAN VIA 2

Das Shoppingcenter Gran Via 2 ist mein Tipp, wenn du auf der Suche nach einer Shoppingmall bist, die aufgrund ihrer Architektur nicht nur das übliche Einkaufserlebnis im Angebot hat. Es befindet sich in der Nähe des Messezentrums von Barcelona und bietet dir die Möglichkeit, auf mehreren lichtdurchfluteten, edel dekorierten Etagen zu bummeln. Es gibt diverse Läden wie Hunkemöller, Mango, Zara, New Yorker sowie einen kleinen Vergnügungspark mit Bowlingbahn und Kino zu erkunden. Wenn dich der Hunger packt, erwartet dich eine große Auswahl in den Foodcourts oder du entscheidest dich für eines der Restaurants.

Av. de la Granvia de l'Hospitalet 75 | www.granvia2.com | @granvia2

PARTYGUIDE

Barcelona

Viva la Fiesta! In Barcelona ist das Party-
angebot so riesig wie die Stadt selbst. Von
Elektro-, House- und Techno-Clubs über
Reggaeton bis hin zu Salsa-Bars, hier kannst
du zu deinen favorisierten Genres tanzen
gehen. Die angesagtesten und bekanntesten
Locations, um so richtig Party zu machen,
habe ich dir hier zusammengetragen.

PACHA

>> ELEKTRO, HOUSE, TECHNO

Bei dem Namen klingelt was? Die „Pacha"-
Clubs sind weit verbreitet, von Ibiza bis
Barcelona, und gehören zu den trendigsten
Nachtclubs. Die Location liegt, gleich
neben Shôko, Opium und Carpe Diem
Lounge Club, auf der Partymeile am Strand
in Barceloneta, und bietet Besucher:innen
zwei Bars, eine große Tanzfläche und einen
weiträumigen Außenbereich zum Feiern.
Musikalisch kannst du dich auf einen Mix
aus Electro, House und Techno einstellen.
Barceloneta | C/ de Ramon Trias Fargas 2 |
www.pachabarcelona.es | @pachabarcelonaofficial

OPIUM

>> HOUSE, ELEKTRO, POP, R&B UND HIP-HOP

Du möchtest eine Nacht im Opium verbringen und bis in die Morgenstunden
feiern? Dann achte unbedingt darauf, dass
du ein schickes Outfit eingepackt hast.
Denn hier wird auf den Look geachtet. Im
Club selbst herrscht ein tolles Ambiente
und neben einer Bar und einer Tanzfläche mit Lichterspektakel wird auch
eine Außenterrasse, die untertags als
Restaurant mit Meerblick fungiert, zum
Abkühlen geboten. Ein Tipp: Im Sommer
sollte man mittwochs zur WEDJS-Party
gehen, um Elektro von weltbekannten DJs
erleben zu können.
Barceloneta | Pg. Marítim de la Barceloneta 34 |
opiumbarcelona.com | @opiumbarcelona

CARPE DIEM LOUNGE CLUB

>> HOUSE

Ein einzigartiges Ambiente verbindet im
CDLC stilvollen Trend und gemütliche
Atmosphäre auf gekonnte Weise. Kein
Wunder, dass er zu den renommiertesten
Clubs weltweit gehört. Grund dafür sind
die beliebten Themenpartys und diversen
Events. Es liegt genauso wie Shôko, Pacha
und Opium neben diesen am Strand. Tags-
über kann man in der Bali Lounge oder
auf der Terrasse Sushi, Asiatisches und
Orientalisches sowie Drinks zu gehobenen
Preisen genießen.
Barceloneta | Pg. Marítim de la Barceloneta 32 |
cdlcbarcelona.com | @cdlcbarcelona

SHOKO

>> ELEKTRO, HOUSE, HIP-HOP, R&B, REGGAETON UND POP

Direkt am Strand und in unmittelbarer Nähe der anderen Clubs auf der Hauptpartymeile befindet sich der beliebte Club Shôko. Besucher:innen können sich vor Ort auf ein Ambiente im Feng-Shui-Stil einstellen, das eine unvergessliche Partynacht verspricht. Auch der musikalische Mix aus EDM, House, Hip-Hop uvm. begeistert und unterstreicht den besonderen Charakter des Clubs.

Barceloneta | Pg. Marítim de la Barceloneta 36 | shoko.biz | @shokobarcelona

FEIERN AM STRAND!

LATIN PALACE

>> REGGAETON

Reggaeton sagt dir mehr zu als EDM und House? Dann sollte der Club Latin Palace deine Wahl für den Abend sein. Donnerstag bis Sonntag bietet die Location lateinamerikanische Stimmung. Die Nacht hindurch kannst du auch die Außenterrasse nutzen, um für einen Augenblick zu chillen. Salsa und Bachata spielt es nicht mehr. Wer sich dafür interessiert, kann ins Salamandra in Hospitalet gehen oder dem Instagram-Kanal von @candela_barcelona folgen.

Barceloneta | C/ de Ramon Trias Fargas 2–4 | www.latinpalacebarcelona.com | @latinpalacebarcelona

MITTWOCHS BIS SAMSTAGS

LA TERRAZZA

>> ELEKTRO UND HOUSE

Genieße tagsüber entspannt deine Drinks, bevor La Terrazza am Abend zu einem der renommiertesten Open-Air-Clubs wird. Die Rooftopbar befindet sich im Poble Espanyol. La Terrazza ist die perfekte Alternative zu den üblichen Clubs und bietet neben einigen der angesagtesten spanischen und internationalen DJs ein knallbuntes Ambiente und super Stimmung auf den Tanzflächen.

Montjuic | Av. de Francesc Ferrer i Guàrdia s/n | laterrrazza.com | @laterrrazza

MOJITO CLUB

>> SALSA & CO

Wer gerne zu lateinamerikanischer Musik wie Salsa, Reggaeton und Merengue tanzt, ist im Mojito genau richtig. Egal, ob Profi oder Anfänger:in, in diesem Club sind alle willkommen. Die lebhafte Atmosphäre und die freundliche Gemeinschaft machen einen Abend im Mojito zu einer ganz besonderen Nacht. Ein weiteres Highlight sind die monatlich abwechselnden Shows von Künstler:innen und Tänzer:innen aus diversen Ländern sowie Live-Musikauftritte, die das Programm abrunden. Langeweile kommt bei einem Besuch im Mojito niemals auf.

Eixample | C/ del Rosselló 217 | mojitobcn.com | @mojitoclubbarcelona

SUTTON

>> ELEKTRO, HOUSE, R&B, HIP-HOP UND POP

Für einen Besuch in diesem schickeren Nachtclub außerhalb von Barcelonas Stadtzentrum musst du unbedingt etwas zum Rausputzen einpacken. Denn an diesem Hotspot triffst du neben Barcelonas Schickeria auch auf so manche weltbekannten Künstler:innen. Sehen und gesehen werden ist hier das Motto, Party machen natürlich auch. Mittwochs bis Samstag kann hier bis in die Morgenstunden gemeinsam gefeiert werden.

Westen | C/ de Tuset 13 | suttonbarcelona.com | @suttonbarcelona

RAZZMATAZZ

>> VIELFÄLTIGE MUSIK, FÜNF CLUBRÄUME

Wer sich schwer entscheiden kann, wird sich im Razzmatazz gut aufgehoben fühlen. In einem alten Fabrikgebäude des Poblenou verstecken sich fünf coole Clubräume mit jeweils unterschiedlichen Musikrichtungen, die eine wilde Partynacht garantieren. Die Location fungiert auch als Konzertsaal, weswegen es sich lohnt, einen Blick auf die Webseite zu werfen, um den nächsten großen Act wie Coldplay oder Blur live zu erleben.

C/ dels Almogàvers 122 | www.salarazzmatazz.com/en | @razzmatazzclubs

BLING BLING

>> REGGAETON, HOUSE COMERCIAL, TOP HITS

In diesem Club gibt es auf jeden Fall einiges zu sehen! Farbenfroh, verspielt und ganz viel Glitzer machen die Atmosphäre des Bling Blings aus. Auch die restliche Einrichtung hüllt Besucher:innen für einen Abend in eine Wunderwelt, angelehnt an die 80er Jahre. Wer gerne zu elektronischen Beats feiern will, ist im Bling Bling genau richtig. Auch für Reggaeton-Fans gibt es einen kleinen Nebenraum.

Westen | C/ de Tuset 8–10 | blingblingbcn.com | @blingblingbcn

PATRÓN

Im Patrón sitzt du wie in der Festhalle eines Luxusdampfers – die an ein Schiff angelehnte Inneneinrichtung und das Dekor versetzen dich ein eine andere Welt. Und die Live-Shows und -Musik tun ihr Übriges. Gegen 1 Uhr werden die Tische zur Seite geschoben und die Party startet!

Westen | Travessera de Gràcia 44 | patronrestaurante.com | @patronbcn

GATSBY
ABENDPROGRAMM DE LUXE

Wer die Zeit überbrücken will, bis das Sutton um ein Uhr morgens aufsperrt, findet nebenan im Gatsby Essen mit Showbegleitung und Tanzen.

Westen | C/ Tuset 19 | gatsbybarcelona.com | @gatsbybarcelona

JACQUELINE

Im Jacqueline erwartet dich japanische und mediterrane Küche sowie Drinks, welche Di – So bei Live-Musik serviert werden. Und nach dem Essen wird dann das Tanzbein geschwungen! Herausragendes Merkmal ist die stilvolle Ausstattung, die die Prachtzeit des katalanischen Modernisme wieder aufleben lässt. Sie basiert auf einer Abstraktion von Picassos Atelier und Porträts von Jacqueline Roque, seiner zweiten Ehefrau.

Eixample | C/ d'Enric Granados 66 | www.jacquelinebarcelona.com/en/home | @jacqueline.barcelona

BOCA CHICA

Glamouröses koloniales Flair zeichnet die Bar über dem Restaurant Boca Grande aus. Dress to impress ist angesagt. Denn hier kommst du nur chic angezogen rein – und mit Reservierung. Die Party mit DJ im kleinen Raum im Unterschoß zwischen Spiegeln an den Wänden in allen Formen und Größen ist aber auch einfach zu cool – ein perfekter Instaspot. Bar und Restaurant sind beide Spitzenklasse, was sich in den Preisen spiegelt.

Eixample | Pg. de la Concepció 12 | bocagrande.cat/en/boca-chica-en | @bocagrande

BAR SAUVAGE

Nicht nur die Namen auf der Karte lesen sich ausgefallen, auch die fantastischen Cocktails, die sich hinter Roxane, Stiletto und Pom Star Martini verbergen, sind es. Dazu gibt es mexikanische und peruanische Gerichte im Foodtruck-Style und Club-Vibe. Der Eingangsbereich ist Bar, eine Etage tiefer geht es auf der Tanzfläche mit zweiter Bar rund.

El Born | Pg. del Born 13 | @barsauvagebcn

CREPS AL BORN

In dieser lebhaften Tiki-Bar ist die Musik laut und die Mixolog:innen hinter der Bar sorgen für gute Stimmung. Neben klassischen Cocktails stehen auch besondere Eigenkreationen auf der Karte. Der Frozen Sangria ist sehr lecker! Zusammen mit französischen Crêpes eine fantastische Kombination.

El Born | Pg. del Born 12 | @crepsalbornbcn

EINZIGARTIGE COCKTAILS

EL BOMBÓN

›› SALSA BRAVA, MERENGUE, BACHATA, REGGAETON

Durch die Hintertüre des dazugehörigen Restaurants oder über die Straße eingetreten, bist du in der Karibik gelandet. Im El Bombón gibt's leckere karibische Tapas, Cocktails und eine ausgelassene Stimmung, Auf der Tanzfläche kann sehr eng werden und wem Körperkontakt unangenehm ist, der sollte hier besser nicht hin. Im Sommer: Fächer mitnehmen!

Altstadt | C/ Mercè 13 | www.elbombonbar.com | @elbombonbar

TWO SCHMUCKS

Ein gekonnt verrücktes Spiel mit komplexen Aromen kann man im Two Schmucks erleben. Dort wird der Fokus auf die Cocktailkunst in all ihren Facetten gelegt.

Altstadt | C/ de Joaquín Costa 52 | @two.schmucks

BAR MARSELLA

Seit 1820 und damit als eine der ältesten Bars der Stadt überzeugt das Marsella mit seinem nostalgischen und authentischen Charme. Verliere dich in der Atmosphäre der Vergangenheit und probiere Absinth, die Spezialität des Hauses.

Altstadt | C/ de Sant Pau 65 | @barmarsella

Von Umzügen und Karneval über Volksfeste bis hin zu musikalischen und sportlichen Veranstaltungen, das Kultur- und Unterhaltungsangebot ist umfangreich und vielfältig zugleich.

JANUAR

CAVALCADA DE REIS

Am 5. Januar, dem Tag vor Epifanía, erfreuen sich Groß und Klein an einem farbenfrohen Umzug der Heiligen Drei Könige mit Festwagen und Musik. Man isst traditionell einen Hefekranz, den „Roscon de reyes", den man in jeder Bäckerei und im Supermarkt findet.

FEBRUAR

LLUM BCN

Während des dreitägigen Lichtkunstfestivals Anfang Februar kann man sich auf einem Rundgang durchs Viertel Poblenou von Lichtinstallationen verzaubern lassen.

FESTES DE SANTA EULÀLIA

Rund um den 12.2., den Tag von Santa Eulàlia, der zweiten Stadtpatronin, findet zu ihren Ehren das Winterfestival statt. Auf Straßen und Plätzen der Stadt finden Umzüge und Paraden inkl. kleiner und großer Feuerbestien, menschlicher Türme und Sardana-Tänzen statt.

CARNESTOLTES

Im Februar oder März wird bis Aschermittwoch in Barcelona Karneval gefeiert. Zum Programm gehören Kostümbälle, Feuerwerk, Partys und über 30 Karnevalszüge. Wer eine wildere Party erleben möchte, geht am besten im nahen Sitges feiern.

KARNEVAL-TIME

MÄRZ

BARCELONA-MARATHON

Am zweiten Sonntag im März kannst du dich in der Stadt auf den populären Marathonlauf freuen, bei dem Start und Ziel auf der Av. Reina Christina ist, die vom Plaça d'Espanya zum Font Màgica führt. Der Marathon verläuft als flacher Rundkurs an vielen von Barcelonas Sehenswürdigkeiten vorbei. Auch für Zuschauer:innen ist es ein tolles Event, bei dem immer eine super Stimmung herrscht.

SANT MEDIR

Falls du kein Marathon-Fan bist, gibt es im selben Monat eine Alternative: das Fest von Sant Medir. Für das Volksfest gibt es zum Monatsanfang eine Parade mit Pferden und Umzugswagen, bei dem du deine Fangkünste unter Beweis stellen und viele Süßigkeiten ergattern kannst.

APRIL

DIADA DE SANT JORDI

Am 23. April feiern die Katalan:innen nicht nur den Tag der Liebenden und den Welttag des Buches, sondern ehren auch den Schutzheiligen Kataloniens Sant Jordi. Traditionell werden deswegen Bücher und Rosen untereinander verschenkt – auf der Rambla und der Plaça de Sant Jaume gibt es deshalb Bücherund Blumenstände.

OSTERN

In Barcelona erstreckt sich die Osterfeier über eine ganze Woche, die Semana Santa. Zu den Feiertagen von Palmsonntag bis Ostermontag kann man an den jeweiligen Prozessionen teilnehmen und leckere Osterspezialitäten wie den Mona de Pascua oder den Buñuelos kosten. Zusätzlich besteht die Möglichkeit, einen deutschsprachigen Gottesdienst zu besuchen.

MAI

LA NIT DELS MUSEUS

Die lange Nacht der Museen mit gratis Eintritt in Museen gibt es auch in Barcelona.

JUNI

NIT DE SANT JOAN

In Barcelona wird die Johannisnacht, die kürzeste Nacht des Jahres, vom 23. auf den 24. Juni mit ausgelassenen Feierlichkeiten, einem spektakulären Feuerwerk und Freudenfeuern gefeiert. Feiernde sind bis spät in die Nacht in der Stadt unterwegs. Am meisten spielt sich am Strand von Barceloneta und in der Altstadt ab.

TAST A LA RAMBLA

Auf der gastronomischen Woche (Do–So) kann man sich an Ständen durch das Angebot einiger der besten Restaurants und Konditoreien der Stadt kosten. Ein Weinbereich, Live-Musik und Show Cookings runden das Food-Festival ab.

JULI

SALA MONTJUÏC

Im Juli gibt es die Möglichkeit, sich Tickets für das Freiluftkino Sala Montjuïc, das rund um die Burg Montjuïc stattfindet, zu besorgen. In der wunderschönen Kulisse gibt es abends zunächst Live-Musik, bevor dreimal pro Woche Filme aller Arten gespielt werden. Am besten packst du dir Verpflegung und eine Sitzmöglichkeit ein, um das Erlebnis perfekt abzurunden.

www.salamontjuic.org/en

BARCELONA PRIDE

Die Barcelona Pride zieht jedes Jahr tausende Besucher:innen aus der ganzen Welt an. Zu erwarten sind Musik und Live-Shows, Workshops, Diskussionsforen, die Gay Parade und viele tolle Partys. Das große Finale stellen die Konzerte, ein Drag-Queen-Contest und die beliebte Schaumparty am Plaça d'Espanya dar.

AUGUST

BELIEBTE SCHAUMPARTY AM PLAÇA D'ESPANYA

FESTA MAYOR DE GRÀCIA

Im beliebten Stadtviertel Gràcia verwandeln sich Mitte August die Straßen und Plätze durch Dekorationen, Straßenkünstler:innen, Aktivitäten und Umzüge zu einem spektakulären einwöchigen Straßenfest. Abschluss bildet die Krönung der drei bestgeschmückten Straßen.

SEPTEMBER

FESTES DE LA MERCÈ

Im Rahmen des fünftägigen Fests wird Ende September die Stadtpatronin La Mercè gefeiert. Zu diesem Anlass werden im gesamten Stadtgebiet diverse musikalische und sportliche Veranstaltungen auf die Beine gestellt. Höhepunkte bilden die menschlichen Türme der Castellers, die Parade der Riesen und Correfoc, ein Feuerlauf.

KATALANISCHER NATIONALFEIERTAG

Am Diada Nacional de Catalunya, dem Nationalfeiertag Kataloniens, wird an die Kapitulation Barcelonas vor den spanischen Bourbonen am 11. September 1714 erinnert. Zu diesem Anlass gibt es einige Gedenkfeiern.

OKTOBER

FESTIVAL CIUTAT FLAMENCO

Richtig feurig geht es auf dem Festival Ciutat Flamenco zu, wenn Barcelonas bester Flamenco gefeiert wird. Das Programm des Festivals begeistert Besucher:innen mit einer fesselnden Mischung aus Tanz und musikalischen Darbietungen.

DEZEMBER

WEIHNACHTSMÄRKTE

Der älteste Weihnachtsmarkt der Stadt, Fira de Santa Llùcia, findet rund um die Kathedrale statt. Auch bei der Sagrada Familia reihen sich Buden aneinander. Noch neu, aber schon sehr beliebt ist der Weihnachtsmarkt Port Vell. Er bietet alles von Kunsthandwerk, Food Trucks, Mitmach-Aktivitäten bis hin zu den traditionellen Ständen. Besucht die Weihnachtsmärkte doch einmal tagsüber und einmal nachts. So erlebt ihr den jeweiligen Charme am besten! Im Poble Espanol entführt einen eine Weihnachtsausstellung in eine andere Welt.

SILVESTER

Eine besondere Nacht in Barcelona kann man zum Jahreswechsel erleben. Bei gutem Wetter wird bei der großen Silvesterparty mit Feuerwerk am Plaça d'Espanya oder in einem der vielen Clubs der Stadt ins neue Jahr gefeiert. Unbedingt solltest du bei Traditionen wie dem Anstoßen mit Cava oder Uvas de la suerte, dem Essen von zwölf Weintrauben um Mitternacht, mitmachen.

FESTIVALS

Die Frage ist nicht ob, sondern zu welchem Festival du gehst.
Barcelona hat für jeden etwas.

GUITAR BCN FESTIVAL

In der ersten Jahreshälfte verzaubert das
Gitarrenfestival seine Gäste mit einer viel-
seitigen Palette an Künstler:innen, die ein-
drucksvoll die grenzenlosen Möglichkeiten
im Umgang mit einer Gitarre präsentieren.
Ein unvergessliches Erlebnis erwartet die
Zuschauer:innen, wenn sie sowohl etab-
lierte Singer-Songwriter:innen als auch
aufstrebende Talente auf den zahlreichen
Bühnen Barcelonas erleben.

www.guitarbcn.com

PRIMAVERA SOUND

Ende Mai bis Anfang Juni kannst du eine
Woche lang im Parc del Fòrum eines der
angesehensten Musikfestivals in Europa erleben. Jahr um Jahr wird das Line-up noch
cooler und ausgefallener, indem es sich auch
nicht auf ein Genre festlegt. So spielen
u.a. Musikgrößen wie Lana Del Rey, Pulp,
FKA Twigs, PJ Harvey, The National und
Vampire Weekend auf dem Festival.

www.primaverasound.com/en/barcelona

VOLL-DAMM FESTIVAL DE JAZZ

Hochkarätige Musiker:innen bescheren
dem Publikum unvergessliche Momente an
verschiedenen Aufführungsorten wie dem
Auditorium des Fòrum oder dem Palau de
la Musica Catalana. Das Programm wird

durch kostenfreie Auftritte und persönliche Begegnungen mit den Künstler:innen
ergänzt.

jazz.barcelona/es

CRUÏLLA FESTIVAL

Jedes Jahr im Juli findet das dreitägige
Multi-Genre-Musikfestival statt und punk-
tet mit einigen coolen Highlights. Direkt
am Strand von Barceloneta kannst du auf
dem Cruïlla Barcelona internationale Top-
Acts wie The Smashing Pumpkins, Avril
Lavigne und Amaral sowie lokale Künst-
ler:innen live erleben. Auch das Angebot
rund um das Festival verspricht Spaß!
Geboten werden allerlei kreatives Hand-
werk, regionale Spezialitäten und kulina-
rische Genüsse.

www.cruillabarcelona.com/en

FESTIVAL SÓNAR

Mitten im Juni bietet das Sónar Festival
ein unverzichtbares Erlebnis für alle Fans
elektronischer Musik. Hier hast du die
Chance, die neuesten Trends sowie natio-
nale und internationale Künstler:innen der
Szene live zu erleben. Das Festival legt viel
Wert auf den experimentellen Charakter, weswegen du zusätzlich an zahlreichen
Aktivitäten wie DJ-Sessions oder Ausstellungen teilnehmen kannst.

sonar.es/en

ZAHLREICHE ZUSÄTZLICHE
AKTIVITÄTEN

OFFWEEK FESTIVAL

Ein weiteres Sommer-Highlight ist das in der Regel dreitägige EDM-Festival, das jedes Jahr tausende Besucher:innen anlockt, um gemeinsam im Parc del Fòrum zu feiern.
offweekfestival.com

BARCELONA BEACH FESTIVAL

Eine riesengroße Sommerparty in Form eines EDM-, House- und Dance-Festivals! Die besten DJs und Produzent:innen, beindruckende Bühnendesigns und die wunderschöne Kulisse mit Ausblick aufs Meer lassen jedes Party-Herz höherschlagen. Genieße das Spektakel und lass dich von der energiegeladenen Atmosphäre anstecken!
www.bcnbeachfestival.com

ALMA FESTIVAL BARCELONA

Das ALMA Festival findet im Juni und Juli im Poble Espanyol, einer wunderschönen und idyllischen Location, statt und versammelt an verschiedenen Abenden Größen wie Take That, Hozier und Jamie Cullum zu einem buntgemischten Programm.
almafestival.info/barcelona

LES NITS DE BARCELONA

In den Gärten von Pedralbes finden im Laufe des Julis diverse Konzerte mit nationalen und internationalen Musiker:innen von Patti Smith bis MIKA statt. Die malerische Kulisse der Gärten rund um den Palast versprüht ein besonderes Flair. Und erschwinglich sind die Tickets außerdem!
nitsdebarcelonapedralbes.com

GREC FESTIVAL

Die wichtigste Kulturveranstaltung im Sommer ist das Grec Festival. Es kombiniert einen Monat lang an diversen Orten der Stadt Theater, Tanz, Musik, Zirkus und Film in einem großen Festival der Superlative, bei dem lokale Produktionen und internationale Künstler:innen auftreten.
barcelona.cat/grec/en

ROCK FEST BARCELONA

Als eines der größten Rock- und Metallfestivals Spaniens lockt das Rock Fest Barcelona bis zu 15.000 Zuschauer:innen aus dem ganzen Land und allen Ecken Europas an. Jeden Sommer bringt es einige der größten Künstler:innen der Szene auf die Bühne. So spielten in der Vergangenheit bereits Aerosmith, KISS, Ozzy Osbourne und Iron Maiden auf dem Festival im Parc de Can Zam.
www.barcelonarockfest.com

REGGAETON BEACH FESTIVAL

Es ist das Latin Music Event des Sommers und mittlerweile so beliebt, dass 50.000 Besucher:innen an den größer gewählten Veranstaltungsort auf die Motorsportrennstrecke von Barcelona in Montmeló im Norden der Stadt pilgern werden. Im Juli erwartet dich auf diesem bunten Festival ein Top-Line-up aus Reggaeton und Urban, das energiereich gute Laune versprüht und alle zum Tanzen bringt.
reggaetonbeachfestival.com

WEITERE FESTIVALS

Share Festival, Sound it Festival, Vida Festival in Vilanova i la Geltrú

METRO DE BARCELONA

 LINEAS DEL FERROCARRIL (FGC)

Manresa **4**

Cerdanyola Universitat **7**

Montcada i Reixac Santa Maria

3 Vic

Montcada i Reixac Manresa

Montcada Ripollet

L11 Can Cuiàs

Ciutat Meridiana

Montcada Bifurcació

Torre Baró/ Vallbona

idabo

icular Tibidabo

Casa de l'Aigua

L3 Trinitat Nova

Montbau Mundet Valldaura Canyelles Roquetes

L5 Vall d' Hebron

2 Granollers Centre

L4 L11 Nord Trinitat Nova

2 Maçanet Massanes

El Coll La Teixonera

Via Júlia

Horta

Montecada i Reixac

El Carmel

Llucmajor

Trinitat Vella

Vallcarca

Vilapicina

Torras i Bages

Baró de Viver

Nord L9 Can Zam

Virrei Amat

Lesseps

Sant Andreu Arenal **7**

Sant Andreu

Singuerlin

lina

Maragall

Sant Andreu Comtal

Santa Coloma

Església Major

Alfons X

Guinardó Hospital de St. Pau

Fabra i Puig

Santa Rosa

L1 Fondo

Fontana

Congrés

Can Peixauet

Joanic

St. Pau Dos de Maig

Camp de l'Arpa

Onze de Setembre

Nord L9 La Sagrera

Bon Pastor

Llefià

La Salut

iagonal

Sagrada Família

Nord L10 Navas

Verneda

Artigues Sant Adrià

Verda-guer

Encants

Clot

Sant Martí

L2 Badalona Pompeu Fabra

Girona Tetuan

Monumental

Bac de Roda

L4 La Pau

Sant Roc

Passeig de Gràcia

El Clot-Aragó Glòries

Besòs

Nord L10 Gorg

Pep Ventura

Urquinaona

1 Maçanet

ya

Marina

2 Estració de França

Arc de Triomf

Selva de Mar

St. Sebastià

Jaume I

Bogatell Llacuna Poblenou

Barceloneta

Ciutadella Vila Olímpica

dor Sud

Mar Mediter

Riu Besòs

MAKE IT YOURS!

LEAVE ONLY
Footsteps
TAKE ONLY
Memories.

HALT SIE FEST! DEINE GANZ PERSÖNLICHEN
HOTSPOTS, GEHEIMTIPPS & ERINNERUNGEN.

---- *Vor der Reise* ----

NICHT VERGESSEN!

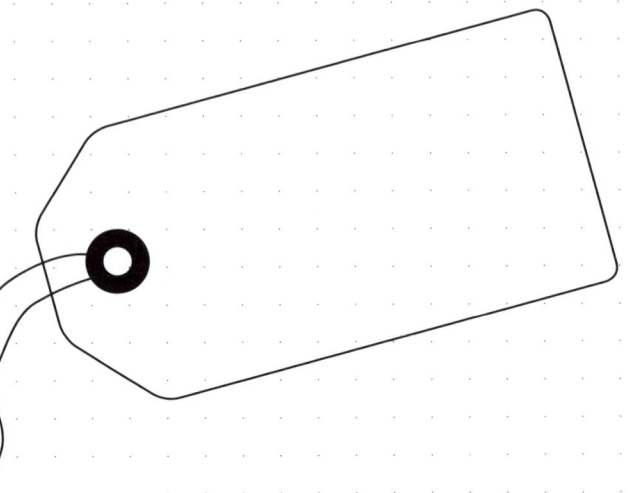

Lieblings Ort

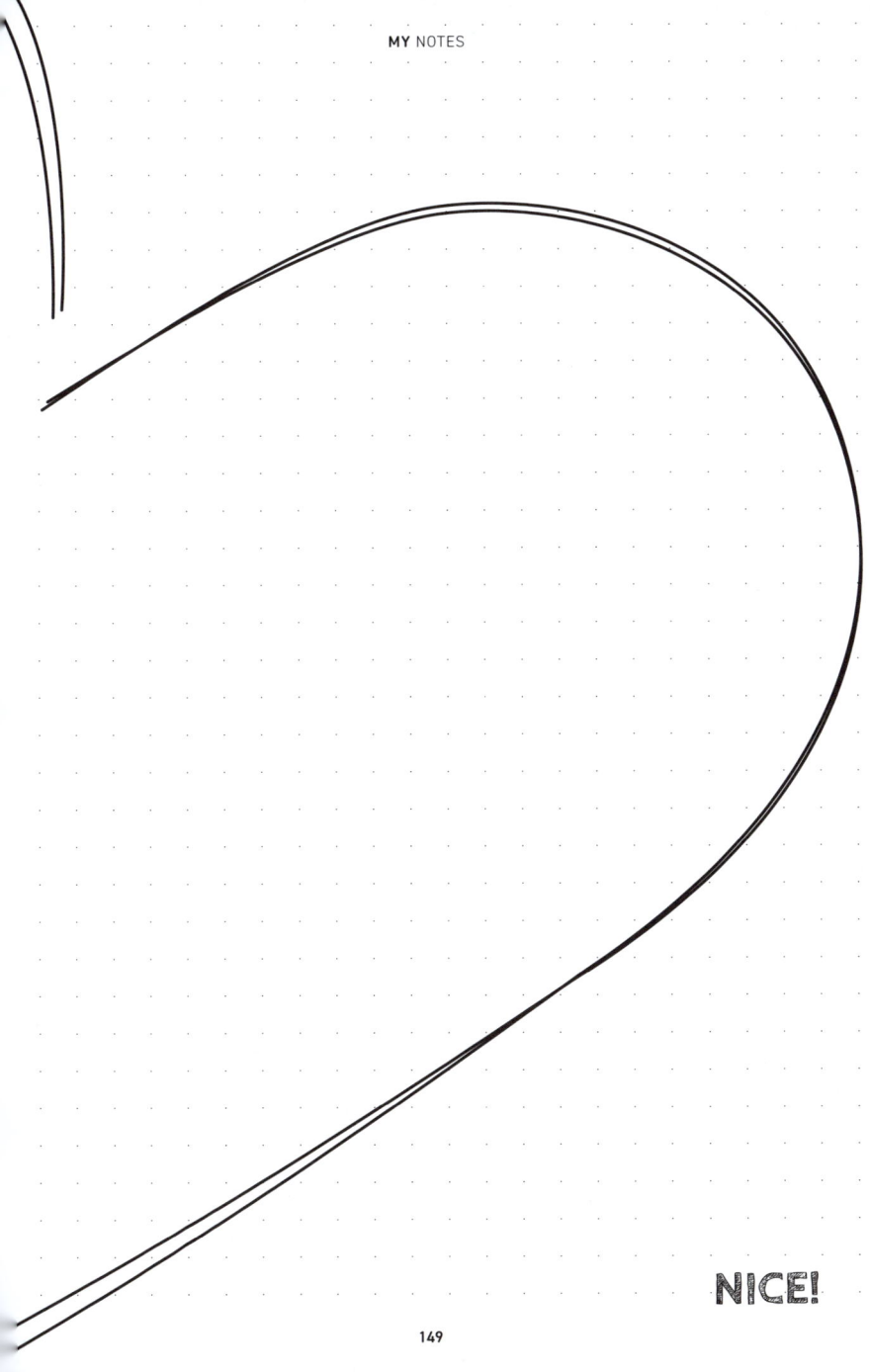

NICE!

FÜRS NÄCHSTE MAL MERKEN

Do

Werde zum/zur
RESTAURANTKRITIKER:IN
Barcelona

Restaurant / Café

Ort / Datum

Gericht

Kommentar

☆ ☆ ☆ ☆ ☆   EMPFEHLENSWERT   YES ☐   NO ☐

Restaurant / Café

Ort / Datum

Gericht

Kommentar

☆ ☆ ☆ ☆ ☆   EMPFEHLENSWERT   YES ☐   NO ☐

Restaurant / Café

Ort / Datum

Gericht

Kommentar

☆ ☆ ☆ ☆ ☆   EMPFEHLENSWERT   YES ☐   NO ☐

Restaurant / Café

Ort / Datum

Gericht

Kommentar

☆ ☆ ☆ ☆ ☆   EMPFEHLENSWERT   YES ☐   NO ☐

Yummy, Yummy!

Restaurant / Café

Ort / Datum

Gericht

Kommentar

☆ ☆ ☆ ☆ ☆   EMPFEHLENSWERT   YES ☐   NO ☐

Restaurant / Café

Ort / Datum

Gericht

Kommentar

☆ ☆ ☆ ☆ ☆   EMPFEHLENSWERT   YES ☐   NO ☐

Restaurant / Café

Ort / Datum

Gericht

Kommentar

☆ ☆ ☆ ☆ ☆   EMPFEHLENSWERT   YES ☐   NO ☐

Restaurant / Café

Ort / Datum

Gericht

Kommentar

☆ ☆ ☆ ☆ ☆   EMPFEHLENSWERT   YES ☐   NO ☐

RESTAURANT / CAFÉ

ORT / DATUM

GERICHT

KOMMENTAR

☆ ☆ ☆ ☆ ☆   EMPFEHLENSWERT   YES ☐   NO ☐

RESTAURANT / CAFÉ

ORT / DATUM

GERICHT

KOMMENTAR

☆ ☆ ☆ ☆ ☆   EMPFEHLENSWERT   YES ☐   NO ☐

RESTAURANT / CAFÉ

ORT / DATUM

GERICHT

KOMMENTAR

☆ ☆ ☆ ☆ ☆   EMPFEHLENSWERT   YES ☐   NO ☐

Restaurant / Café

Ort / Datum

Gericht

Kommentar

☆ ☆ ☆ ☆ ☆   EMPFEHLENSWERT   YES ☐   NO ☐

Restaurant / Café

Ort / Datum

Gericht

Kommentar

☆ ☆ ☆ ☆ ☆   EMPFEHLENSWERT   YES ☐   NO ☐

Restaurant / Café

Ort / Datum

Gericht

Kommentar

☆ ☆ ☆ ☆ ☆   EMPFEHLENSWERT   YES ☐   NO ☐

Restaurant / Café

Ort / Datum

Gericht

Kommentar

☆ ☆ ☆ ☆ ☆   Empfehlenswert   yes ☐   no ☐

Restaurant / Café

Ort / Datum

Gericht

Kommentar

☆ ☆ ☆ ☆ ☆   Empfehlenswert   yes ☐   no ☐

Restaurant / Café

Ort / Datum

Gericht

Kommentar

☆ ☆ ☆ ☆ ☆   Empfehlenswert   yes ☐   no ☐

We love
Barcelona!

BILDNACHWEIS

Fotos:
Cynthia Locht (Cover M., 3, 4, 12, 20, 24, 26, 30, 32, 33 r., 40, 44 r., 45, 48, 49, 50, 51 o., 52, 56 u., 58 re. o., 60, 61 l. u., 62, 64 u., 66–68, 70–80, 82–90, 94–104, 108–110, 112, 116, 117, 118, 120, 124, 125, 127–129, 137, 158);

Adobe Stock – stock.adobe.com: Ad (36), anekoho (Cover r.), boule1301 (Cover l.), davide (106), dudlajzov (81, 107 u.), waku – Peter Horvath 2017 (123 r. o.), kemaltaner (92), ksl – Stefan Laws (29), Vladislav Mavrin (122), Mistervlad (105), Natart (119), nito (107 o.), oleksandr.info – http://fb.com/oleksandr.info (23), Luis Pina (16), Patrick Poendl 2009 (123 l. u.), raimunda-losantos (Rückcover r.), rh2010 (111), jordi2r – Jordi de Rueda (61 r. o.), swisshippo (58 l. u.), Igor Tichonow (22/23 l. u.), Toniflap (126), TTstudio (18); Vivien Eckhardt: 33 l., 56 o., 64 o.; mauritius images: Markus Lange (27); mauritius images/Alamy/Alamy Stock Photos: Cecilia Frasso (37), Mark Green (38), Ian Layzell (28), Alex Segre (19), Lucas Vallecillos (59), Sandy Young (69); Paola Roa – @paoroa – www.paoroa.com (34, 35, 44 l., 46, 51 u., 63, 93, Rückcover l.); Shutterstock: Eugene Lim 2023 (25).

IMPRESSUM

1. Auflage, April 2024
ISBN | 978-3-8283-1076-6

Konzeption | Selina Louise Missel
Chefredaktion | Johanna Jiranek
Co-Autorin | Cynthia Locht
Produktion | NetsDirekt GmbH
Design | Ina-Marie Inderka
Illustrationen | Ina-Marie Inderka und NetsDirekt GmbH
Kartografie | Hallwag Kümmerly+Frey AG

Printed in Italy

MIX
Paper | Supporting responsible forestry
FSC® C015829
www.fsc.org

Sag uns deine Meinung!

Egal ob du uns von deinem schönsten Urlaubsmoment, dem besten Foodspot oder der coolsten Foto-Location erzählen willst, schreib uns unbedingt! Natürlich freuen wir uns auch über Lob und Kritik zu unseren TravelBooks.

hello@guideme.ch

Hinweis

Dieser Reiseführer wurde natürlich mit allergrößter Sorgfalt und viel Herzblut für dich erstellt und recherchiert, allerdings können dem größten Streber Fehler unterlaufen und manche Adressen und Gegebenheiten ändern sich schneller, als man denkt. Deshalb müssen wir aus rechtlichen Gründen betonen, dass inhaltliche und sachliche Fehler leider nicht ausgeschlossen werden können. Alle Angaben sind ohne Gewähr des Autors oder des Verlages und somit besteht keine Haftung. Sollten dir allerdings Fehler auffallen, freuen wir uns über eine Nachricht von dir an hello@guideme.ch.

guideme_travel | www.guideme.ch
© Hallwag Kümmerly+Frey AG, Grubenstrasse 109, CH 3322-Schönbühl-Bern

Genug von Barcelona?

DANN REISE MIT UNS DOCH MAL NACH ...

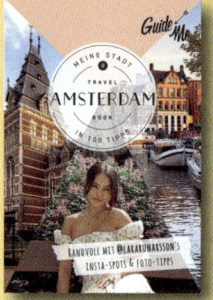

DIE IDEALEN BEGLEITER
FÜR DEINE NÄCHSTE REISE:
UNSERE TRAVELDIARIES
UND TRAVELMEMORIES